Die patentfähige Erfindung und das Erfinderrecht

unter besonderer Berücksichtigung des Unionsprioritätsrechts

Von

W. Dunkhase

Geheimer Regierungsrat und Abteilungsvorsitzender
im Kaiserlichen Patentamte zu Berlin

Leipzig
G. J. Göschen'sche Verlagshandlung
1911

Druck von Paul Dünnhaupt, Cöthen (Anhalt).

Übersicht.

I. Die patentfähige Erfindung.

II. Das Erfinderrecht und seine Geltendmachung.

Gesetzestexte.

Vorwort.

In der vorliegenden Schrift ist von uns der Versuch unternommen, die wesentlichen Grundsätze des Patentrechts auf einen einfachen Grundgedanken zurückzuführen, der sich zwar auch sonst schon verschiedentlich ausgesprochen findet, aber in seinen Konsequenzen bisher noch nicht weiter verfolgt worden ist. Die dabei gewonnenen Ergebnisse entsprechen im wesentlichen den Auffassungen, die auch jetzt schon herrschend sind. Es ergibt sich indessen, wie wir glauben, aus unserer Betrachtungsweise ein leichteres Verständnis des Patentrechts und seiner Grundsätze, sowie eine Klärung mancher schwierigen Rechtsfrage, über die bisher eine Einigung nicht hat erzielt werden können. Wer sich unsere Betrachtung zu eigen macht, wird mit uns die Einsicht bewundern müssen, mit welcher der deutsche Gesetzgeber seine überaus schwierige Aufgabe, die Materie des Patentrechts zu regeln, erfüllt hat.

Das praktisch besonders wichtige Unionsprioritätsrecht ist eingehend behandelt in dem Wunsche, damit einem vorhandenen Bedürfnisse zu entsprechen.

I. Die patentfähige Erfindung.

a) Anwendungsgebiet und Grundgedanke des Patentschutzes.

Gemäß § 1 des Patentgesetzes werden Patente erteilt für neue Erfindungen, welche eine gewerbliche Verwertung gestatten.

Was Erfindung im Sinne des Patentgesetzes ist, hat der Gesetzgeber nicht definiert.

Das Wort Erfindung (im Gegensatz zum Finden) bringt zum Ausdruck, daß es sich um etwas vom Erfinder selbst geschaffenes handelt, und zwar ist unter Erfinden ein schöpferisches Schaffen, das unter Betätigung der Phantasie erfolgt, zu verstehen. In diesem Sinne ist der Gebrauch des Wortes nicht auf das Gebiet der Technik beschränkt. Man spricht auch von einer erfundenen dramatischen Handlung, einer erfundenen Melodie usw.[1])

Würde man bei Anwendung des Patentgesetzes das Wort Erfindungen in einem so weiten Sinne verstehen, so würde das Patentrecht eine ganz außerordentliche Tragweite haben; es würde das ganze Gebiet des geistigen Urheberrechts umfassen und sich auf Materien erstrecken, die durch besondere Gesetze geregelt sind und vom Patentschutze sicherlich ausgeschlossen bleiben sollten.

Zwar hat das Gesetz nur solche Erfindungen für patentfähig erklärt, die eine gewerbliche Verwertung gestatten. Indessen können z. B. auch Geschmacksmuster vom Gewerbe verwertet werden, und Geschmacksmuster sind, obwohl der Erfindungssinn sich auch auf dem Gebiete des Geschmackes betätigen kann, vom Patentschutze ausgeschlossen.

Wenn also der Gesetzgeber, mit Rücksicht auf die Schwierigkeit einer Begriffsbestimmung, es unterlassen hat, den Begriff der

---

[1]) Vgl. Damme: Deutsches Patentrecht. S. 139.

Erfindung für das Patentrecht gesetzlich zu definieren, so hat er damit nicht auf bestimmte Grenzen überhaupt verzichtet, sondern er hat die Feststellung dieser Grenzen der Wissenschaft und Praxis überlassen.[2]) Was insbesondere die Geschmacksmuster angeht, so waren diese im ursprünglichen Entwurfe des Patentgesetzes von 1877 vom Patentschutz ausdrücklich ausgenommen. Diese Ausnahme wurde von der Kommission als überflüssig gestrichen, und zwar nicht deshalb, weil die Geschmacksmuster wegen fehlender gewerblicher Verwertbarkeit ausgeschlossen seien, was nicht zutreffend gewesen wäre, sondern weil auf sie das Mustergesetz und nicht das Patentgesetz Anwendung finde.[3])

Wissenschaft und Praxis sind nun im allgemeinen darüber einig, daß die patentrechtliche Erfindung eine technische sein muß.[4])

Damit scheiden Geschmacksmuster, Buchführung, Kurzschrift und dergleichen, wenn sie auch gewerblich verwertbar sein mögen, vom Patentschutze aus, weil das, was an ihnen etwa Erfindung ist, nicht auf technischem Gebiete liegt.

Die technische Erfindung muß, um patentfähig zu sein, nach der später näher zu erörternden Vorschrift des Gesetzes gewerb-

---

[2]) Vgl. die Regierungsmotive zum Patentgesetze vom 25. Mai 1877, § 1, S. 16—17 und den Kommissionsbericht S. 5.

[3]) Kommissionsbericht S. 5.

[4]) Vgl. Robolski: Patentgesetz, dritte Auflage, § 1, Note 2: „Sie muß eine technische Erfindung sein, d. h. einen eigenartigen technischen Erfolg durch die Verwertung technischer, den Kräften der Natur entnommener Mittel zur Darstellung bringen." Kent: Patentgesetz § 1, Note 138: „auf technischem Gebiete, d. h. auf dem Gebiete der mechanischen oder chemischen Be- oder Verarbeitung von Rohstoffen." Allfeld: Patentgesetz § 1, Note 5: „Dagegen muß für den Begriff der Erfindung im Sinne des Patentrechts eine engere Grenze gezogen werden. Es gehört namentlich hierzu, wie die ganze Tendenz des Gesetzes und der Zusammenhang seiner einzelnen Bestimmungen ersehen läßt, daß die Befriedigung menschlicher Bedürfnisse mit Hilfe oder unter Benutzung von Naturkräften erfolgt, also das Mittel der Befriedigung im Bereiche der Technik liegt."

Schanze (Das Recht der Erfindungen, S. 269) leitet dies aus dem Erfordernisse der gewerblichen Verwertbarkeit ab. Vgl. dagegen Allfeld a. a. O. § 1, Note 9b, Abs. 2 und Robolski a. a. O. § 1, Note 12; anderseits Schanze a. a. O. S. 285.

lich verwertbar sein. Darin liegt, daß sie einem Bedürfnisse, dessen Befriedigung Aufgabe des Gewerbes ist, dienen muß.

Die Herstellung von wirtschaftlichen Gütern erfolgt nach bestimmten Regeln und mit bestimmten Mitteln, die mit dem allmählichen Fortschreiten der Technik immer mehr erweitert oder vervollkommnet werden. Die Werkzeuge, mit denen die Natur den Menschen ausgestattet hat, sind seine Gliedmaßen. Diese Werkzeuge sind jedoch kaum ausreichend, um die allernotwendigsten wirtschaftlichen Bedürfnisse zu befriedigen. Der Mensch mußte daher auf weitere Mittel und Wege sinnen, die von der Natur gebotenen Kräfte sich anzueignen, um mit ihrer Hilfe die Stoffe für seine Bedürfnisse nutzbar zu machen. Die Mittel und Wege, mit denen die heutige Industrie Güter zur Befriedigung menschlicher Bedürfnisse schafft, sind die Errungenschaft von Jahrtausenden. Eine unendliche Zahl von Erfindungen sind im Laufe der Zeit Gemeingut der Technik geworden, ohne daß es heute noch zum Bewußtsein kommt, daß die alltäglich angewandten Mittel und Methoden auch einstmals erfunden worden sind.

Die Patentgesetzgebung beruht nun auf dem Gedanken,[5]) daß derjenige, welcher durch Auffindung neuer Wege oder neuer Mittel auf technischem Gebiete das Gewerbe (die Industrie) fördert, für den der Allgemeinheit damit geleisteten Dienst auf Entgelt Anspruch hat. Dieser Gedanke ist auch im Kommissionsbericht zum Entwurfe des Patentgesetzes von 1877 zum Ausdruck gekommen, woselbst es (S. 4) heißt: „Das Patent beruht seiner rechtlichen Natur nach auf einem vertragsähnlichen Verhältnisse zwischen dem Patentinhaber und dem Staate. Ersterer gibt im Interesse aller seine Erfindung der Öffentlichkeit preis und erhält dafür den Schutz seines ausschließlichen Benutzungsrechtes durch den Staat. In diesem Sinne dient das Patent gleichmäßig dem Gemeinwohl wie den Interessen des Inhabers.“

Es entspricht der Gerechtigkeit, daß der Erfinder als Schöpfer eines neuen Gedankens, durch den die Technik bereichert und

---

[5]) Vgl. Schanze: Das Recht d. Erf. S. 14. Lutter: Patentgesetz § 1, Note 1. Kent: Patentgesetz § 1, Note 3 sowie die dort Zitierten. Cantor: Gesetz betr. den Schutz von Gebrauchsmustern S. 201. Du Bois-Reymond: Erfindung und Erfinder. S. 8.

das Gewerbe gefördert wird, nicht nur ideale Anerkennung, sondern auch materiellen Lohn findet. Der Erfinder,[6]) welcher sein von ihm selbst geschaffenes Geistesgut vorschriftsmäßig kundgibt,[7]) erhält als Entgelt für den der Allgemeinheit geleisteten Dienst ein Patent. Mit diesem Patente erhält er für einen bestimmten Zeitabschnitt das ausschließliche Recht, die Erfindung gewerbsmäßig zu benutzen, also das Recht, alle andern für bestimmte Zeit von der gewerbsmäßigen Benutzung der Erfindung auszuschließen.[8]) Das ausschließliche Benutzungsrecht kann ihm nur mit zeitlicher Beschränkung erteilt werden. Ein unbeschränktes Recht würde die Industrie allzusehr hemmen, wäre praktisch nicht durchführbar[9]) und kann auch vom Erfinder nicht mit Recht verlangt werden. Denn daraus, daß die Förderung der Industrie seiner Erfindung und Mitteilung zu verdanken ist, folgt nicht, daß die Allgemeinheit ohne sein Zutun die Förderung für alle Zeit hätte entbehren müssen. Es ist vielmehr damit zu rechnen, daß die Allgemeinheit früher oder später auch durch einen andern Erfinder in den Genuß der Erfindung gelangt wäre, und diese Möglichkeit findet, ohne daß es dabei auf den konkreten Fall ankommt, in der zeitlichen Beschränkung des Ausschlußrechts gesetzgeberisch die verdiente Berücksichtigung.

---

b) Die Erfindung als Schöpfung.

Die Schöpfung des Erfinders beruht auf Erkenntnis, nämlich auf der Erkenntnis, daß bei gewissen Kombinationen von Elementen gewisse Ergebnisse eintreten. Es handelt sich dabei aber

[6]) Wir sehen bei unseren Ausführungen zunächst davon ab, daß das Recht des Erfinders, insoweit es ein Vermögensrecht ist, übertragbar ist, und müssen die Erörterung hierüber den späteren Ausführungen vorbehalten. Wenn wir also vom Erfinder sprechen, so ist dabei vorausgesetzt, daß eine Übertragung seines Erfinderrechts nicht stattgefunden hat.

[7]) Das Nähere hierüber folgt erst im zweiten Teil.

[8]) Vgl. Alexander-Katz in der Zeitschrift für Industrierecht. 1910. S. 121 fg.

[9]) Vgl. dazu die interessanten Ausführungen Kohlers in seinem Lehrbuche des Patentrechts S. 16.

nicht um die bloße Auffindung einer Wahrheit, sondern um eine schöpferische Kombination. Unter einer unendlichen Zahl von Kombinationen diejenige Kombination herauszufinden, die ein bestimmtes wirtschaftlich brauchbares Ergebnis liefert, ist ebenso gut eine Schöpfung, wie es eine Schöpfung ist, unter der unendlichen Zahl von Ton-Kombinationen eine bestimmte musikalisch wertvolle Melodie herauszufinden. Zur Erfindung gehört ein Inverbindungbringen von Elementen, die an sich nicht schon in Verbindung stehen.

Wie die Erkenntnis des Erfinders, daß bei gewissen Kombinationen von Elementen gewisse Ergebnisse eintreten, im einzelnen Falle gewonnen ist, ist für den Begriff der Erfindung nicht von Bedeutung. Fachkenntnisse und Geistesarbeit mögen dem Erfinder in manchen Fällen zum Erfolge verhelfen, aber notwendig sind sie nicht. Erfinden kann man etwas, was man lange gesucht hat. Man kann aber auch erfinden, ohne besonders gesucht zu haben. Ein glücklicher Zufall, insbesondere eine sich zufällig bietende Gelegenheit zur Beobachtung kann die Erfindung in den Schoß werfen. Wer so vom Glücke begünstigt ist, nimmt, mag auch sein persönliches Verdienst ein geringes sein, und eine eigentliche schöpferische Tägitkeit gar nicht vorliegen, doch in bezug auf den eingetretenen Erfolg (die Erfindung) keine andere Stellung ein, als jeder andere Erfinder auch. Denn es kommt nur auf die Tatsache an, daß er etwas geschaffen hat, was unter gewöhnlichen Umständen ohne schöpferische Tätigkeit nicht geschaffen werden konnte.

Wer erfinden will, darf nicht im alltäglichen Geleise verbleiben, sondern muß neue Bahnen suchen. Der Laie, der in Kenntnissen und in der Erfahrung hinter dem Fachmann zurücksteht, hat andrerseits vor ihm einen gewissen Vorsprung, da er ohne Voreingenommenheit neues Land betritt, während der Fachmann aus Gewohnheit leicht auf dem ihm bereits bekannten Wege wandelt. Sehr bedeutende Erfindungen sind von Laien gemacht worden. Immerhin ist der Fachmann dem Laien auch auf dem Gebiete des Erfindens im allgemeinen überlegen, und es gibt insbesondere Erfindungen, die von einem Laien zwar nicht gemacht werden können, weil sie ein tiefes Eindringen in ein bestimmtes Spezialgebiet mit Notwendigkeit voraussetzen.

Es mag unbillig erscheinen, daß Erfindungen, die von einem Laien ohne besonderes Studium, vielleicht infolge zufälliger Beobachtung eines vor den Augen des Beschauers sich abspielenden, durch ein eigenartiges Zusammentreffen von Umständen bedingten Vorganges gemacht sind, den Erfindungen, die auf Grund von mühevollen wissenschaftlichen Forschungen planmäßig errungen sind, in bezug auf die Patenterteilung völlig gleichgestellt sind. Indessen kommt für die praktische Bewertung der Erfindung allein dieBereicherung in Betracht, die die Industrie in ihrem Wissen und Können gegenüber dem bisherigen Stande der Technik durch sie erfahren hat.

Für die Frage, ob die Erfindung patentfähig ist, scheidet daher auch die Person des Erfinders ganz aus. Die Beurteilung der Erfindung auf Patentfähigkeit muß die gleiche sein, mag es sich um die Geistesschöpfung des A. oder um die des B. handeln. Eine richtige Erfindung muß ihren Wert in sich selbst tragen, ohne daß es dabei auf die Person ihres Schöpfers ankommt. Ihr Wert und ihre Patentfähigkeit beruht gerade darin, daß sie vom Gewerbe, nicht bloß von der Person des Erfinders, nutzbringend zur Ausführung gebracht werden kann.

Die Erfindung setzt zwar die Erkenntnis voraus, daß bei einer gewissen Kombination von Elementen ein bestimmter Erfolg eintritt. Diese Erkenntnis braucht jedoch keine wissenschaftliche zu sein. Es ist nicht erforderlich, daß der Erfinder sich darüber, inwiefern durch die Kombination der einzelnen Elemente der Erfolg ursächlich herbeigeführt wird, wissenschaftlich im klaren ist. Der Erfinder muß nur darüber im klaren sein, daß durch das Zusammenwirken bestimmter Elemente der Erfolg verbürgt wird, ohne über die physikalischen Ursachen Rechenschaft abgeben zu müssen. Denn bei der Erfindung ist weniger die Erkenntnis, daß der Erfolg eintritt, — so wesentlich diese Erkenntnis an und für sich auch ist, — das Wichtige, als vielmehr die Schöpfung selbst, die das Werk des Erfinders ist. Die Tätigkeit des Erfinders erschöpft sich nicht in der bloßen Erkenntnis, sondern sie beruht wesentlich in dem schöpferischen Zusammentragen von Elementen, die in ihrer Kombination den Erfolg herbeiführen. Die Erkenntnis, daß auf Grund einer solchen Kombination der Erfolg eintritt, kann im einzelnen Falle eine ganz einfache, für jedermann von selbst gegebene sein. Da aber die Kombination das Werk des Erfinders ist, der nicht nach fremder Anleitung, sondern auf Grund seiner eigenen schöpferischen Phantasie die Elemente zusammengetragen hat, so ist die Erkenntnis vom Eintritt des Erfolges in der Person des Erfinders eine originäre, d. h. eine von keinem andern erworbene Erkenntnis. Nur deshalb, weil der Erfinder die Kombination geschaffen und zugleich die Wirkung seiner Kombination erkannt hat, ist diese Erkenntnis nunmehr auch jedem andern Sachverständigen zugänglich. Seine Erkenntnis unterscheidet sich von der Erkenntnis anderer eben dadurch, daß sie eine selbst erworbene ist, während die Erkenntnis anderer, insofern ihnen die zugrunde liegende Kombination bisher unbekannt war, dem Erfinder zu verdanken ist.

Die originäre Erkenntnis hat der Erfinder mit dem Entdecker gemeinsam.

Indessen ist nicht jede Entdeckung eine Erfindung.[10])

Eine Entdeckung liegt auch dann vor, wenn der Entdecker zu einem bereits vorhandenen, aber bisher noch niemandem zugänglichen konkreten Objekte den Zugang gefunden hat.

Handelt es sich nicht um ein der Sinnenwelt angehöriges Objekt, sondern um Erkenntnis auf geistigem Gebiete, so können Erfindung und Entdeckung in nahe Berührung treten. Die Erkenntnis, daß bei Kombination gewisser Elemente ein bestimmter Erfolg eintritt, kann man auch Entdeckung nennen, vorausgesetzt, daß diese Erkenntnis, wie bei der Erfindung eine originäre

---

[10]) Vgl. hierzu Seligsohn: Patentgesetz, 4te Auflage, § 1, Note 6. Kohler: Handbuch des deutschen Patentrechts S. 89. Schanze: Das Recht der Erf. S. 4 u. S. 8, sowie S. 24 bis S. 235. Allfeld: Patentgesetz § 1, Note 3b. Kent: Patentgesetz § 1, Note 117. Robolski: Patentgesetz § 1, Note 9. Derselbe: Theorie und Praxis. S. 21 fg. Osterrieth: Lehrbuch d. gew. Rechtsschutzes S. 61. Cantor: Gesetz betr. den Schutz von Gebrauchsmustern S. 191. Lutter: Patentgesetz § 1, Note 2, Abs. 2. Wassermann: Grundzüge des Patentrechts S. 8 fg. Isay: Patentgesetz § 1, erster Absatz. Pilenko (übersetzt von Augustin): Recht des Erfinders S. 225 fg.

ist. Indessen haben auch hier beide Worte eine verschiedene Bedeutung. Denn das Wort Entdeckung bringt das dem Begriffe der Erfindung innewohnende Schaffen nicht zum Ausdruck. Wird daher eine Erfindung als Entdeckung bezeichnet, so hat man dabei nur das (originäre) Kennenlernen des bisher Unbekannten im Auge und sieht davon ab, daß es sich hierbei in der Person des Erkennenden um eine Schöpfung handelt. Der Ausdruck Entdeckung ist daher insofern farblos, als mit ihm darüber, ob das Entdeckte etwas Erfundenes ist, gar nichts gesagt ist. Man wird den Ausdruck Entdeckung nur dann anwenden, wenn ihr Gegenstand einfacher Art ist. Handelt es sich hingegen um ein kompliziertes Objekt, z. B. um einen neuen Maschinentypus, so wird man nicht leicht von einer Entdeckung sprechen, weil hier wegen der Kompliziertheit des Gegenstandes der Eindruck, daß es sich um etwas Geschaffenes handelt, vorherrscht.

Von einer Entdeckung wird man nur dann sprechen, wenn dasjenige, was den Gegenstand der Entdeckung bildet, für andere von Wichtigkeit ist. Wer etwas entdeckt, was andere nicht interessiert, mag zwar entdeckt, d. h. originär etwas erkannt haben, indessen wird die Allgemeinheit den Ausdruck Entdeckung darauf nicht anwenden. Ebensowenig wird die Allgemeinheit etwas als Entdeckung bewerten, was der angebliche Entdecker originär erkannt hat, wenn diese Entdeckung sich auf etwas bezieht, was andern längst bekannt ist. Denn in einem solchen Falle ist es für die Allgemeinheit ohne Interesse, daß der Entdecker das, was er ebensogut von andern hätte erfahren können, von selbst entdeckt hat. Man wird daher leichter von „entdecken" und „erfinden" sprechen, insofern man dabei die Beziehung zum Subjekt im Auge hat, als von „Entdeckung" und „Erfindung", insofern man dabei von der subjektiven Beziehung absieht und lediglich das Objekt als solches vom Standpunkte der Allgemeinheit betrachtet.[11])

Erfindung und Entdeckung stehen weder im Gegensatz zueinander, noch decken sie sich. Die Erfindung, die ein Schaffen voraussetzt, kann auf einer ganzen Reihe von Entdeckungen be-

---

[11]) Vgl. Abschnitt e.

ruhen, die jede für sich allein keine Schöpfung sind, aber in ihrem Endergebnisse zusammengefaßt eine Schöpfung, nämlich die Erfindung, bilden. So kann denn, wie schon oben ausgeführt wurde, die schließliche Erkenntnis des Erfinders, daß auf Grund der zusammengetragenen Elemente der gewünschte Erfolg eintritt, unter Umständen auch Entdeckung genannt werden.

Physikalische Grundsätze oder mathematische Lehrsätze werden wohl entdeckt, aber nicht geschaffen. Sie bilden daher keine Erfindung und sind folglich dem Patentschutze nicht zugänglich. Der Entdecker einer physikalischen Wahrheit mag sich um die Allgemeinheit ein weit größeres Verdienst erwerben als mancher Erfinder. Aber ein ausschließliches Benutzungsrecht kann ihm für seine Entdeckung nicht zuteil werden, denn allgemeine Wahrheiten sind als solche Gemeingut und können nicht, auch nicht unter Beschränkung auf bestimmte Zeit, der ausschließlichen Benutzung eines einzelnen unterstellt werden. Mag daher auch einem solchen Entdecker für den der Allgemeinheit geleisteten großen Dienst ein Entgelt gebühren, so kann ihm doch in Gestalt eines Patentes eine Gegenleistung nicht gewährt werden.

Die Erfindung läßt sich in der Regel als die Lösung einer Aufgabe betrachten.[12]) Dies gilt insbesondere von solchen Erfindungen, die planmäßig gemacht sind. Wer ein Mittel, das bestimmten Zwecken dienen soll, oder eine Methode, nach der eine Arbeit verrichtet werden soll, sucht, hat sich damit eine Aufgabe gestellt. Hat er das gesuchte Mittel oder die gesuchte Methode gefunden, so hat er damit seine Aufgabe gelöst. Ist die Erfindung nicht planmäßig gemacht, sondern einer zufälligen Beobachtung zu verdanken, so handelt es sich allerdings nicht um die Lösung einer gestellten Aufgabe. Da indessen die besondere Art der Entstehung der Erfindung für ihre Beurteilung auf Patentfähigkeit ohne Bedeutung ist, so ist es auch hier möglich, die Erfindung so aufzufassen, als ob der Erfinder damit eine gestellte Aufgabe gelöst habe. Ist allerdings die Befriedigung des Bedürfnisses, das

[12]) Vgl. Kohler: Handbuch d. d. Patentrechts S. 142 fg. Derselbe: Lehrbuch d. Patentrechts S. 37 fg. Damme: D. Patentrecht S. 147 fg. Kent: Patentgesetz § 1, Note 145 fg. Isay: Patentgesetz S. 30 fg.

die Erfindung zu decken bestimmt ist, mit der Erkenntnis dieses Bedürfnisses von selbst gegeben, und liegt das Verdienst des Erfinders wesentlich darin, daß er das Vorhandensein eines solchen bisher nicht empfundenen Bedürfnisses entdeckt hat, so besteht die Erfindung weniger in der Lösung als vielmehr in der Stellung der Aufgabe.

Die Erfindung ist eine Geistesschöpfung, deren Gegenstand der in ihr enthaltene Gedanke bzw. die eine Einheit bildende Gesamtheit der Gedanken bildet. Die konkrete Form, in der die Erfindung in die Erscheinung tritt, ist nicht die Erfindung selbst. Die Form kann auch eine bloß beschreibende sein (mündliche oder schriftliche Beschreibungen, Zeichnungen oder Modelle). Tritt die Erfindung durch ihre Ausführung selbst in die Erscheinung, so braucht sie doch an diese konkrete Erscheinungsform nicht gebunden zu sein. Denn Erfindungen können regelmäßig mit verschiedenen technisch äquivalenten Mitteln zur Ausführung gebracht werden. Sind die Mittel zwar verschieden, aber technisch äquivalent, so handelt es sich nur um verschiedene Ausführungsformen einer und derselben Erfindung.[13])

Die Schöpfung des Erfinders muß eine fertige Schöpfung sein. Sie muß so weit vollendet sein, daß ihre technische Anwendung durch einen Fachmann ohne weiteres möglich ist. Ist die Aufgabe, die der Erfinder sich gestellt hat, noch nicht vollständig gelöst, sondern bedarf es zu ihrer vollen Lösung noch einer weiteren erfinderischen Tätigkeit, so ist die Schöpfung noch nicht vollendet. Der Erfinder ist auf halbem Wege stehen geblieben und er hat damit nicht etwa schon etwas halbes, sondern vorläufig noch gar nichts geschaffen.[14]) Ergänzt allerdings ein anderer Erfinder den noch fehlenden Teil, indem er sich den bereits gewonnenen Teil aneignet, so liegt eine gemeinschaftliche Erfindung vor.[15]) Eine Aneignung und folglich eine gemeinschaftliche Erfindung liegt indessen dann nicht vor, wenn die vom Erfinder benutzte Erkenntnis des andern bereits Gemeingut geworden war. Ist

---

[13]) Vgl. Kohler: Handbuch des deutschen Patentrechts S. 84, Schütze im Gew. Rechtsschutz u. Urh. 1900 S. 36.

[14]) Vgl. Kohler: Lehrbuch des Patentrechts S. 53.

[15]) Vgl. darüber Teil II, Abschnitt d.

die Erfindung so weit fertiggestellt, daß es zu ihrer Ausführung nur noch einer Ergänzung bedarf, die jeder Sachverständige vornehmen kann, so ist die Erfindung vollendet; denn die Ausführung der Erfindung durch einen Sachverständigen ist hier gesichert.

Bildet der Patentschutz ein Entgelt für die Förderung, welche das Gewerbe durch die Erfindung erfährt, so kann nicht für jede gewerblich anwendbare Maßnahme ein Patent erteilt werden. Maßnahmen, die zwar als bekannt nicht nachweisbar, aber so selbstverständlich sind, daß sie jeder Fachmann im Bedarfsfalle ohne weiteres zur Anwendung bringt, können nicht unter Patent schutz gestellt werden. Eine Förderung des Gewerbes würde hier nicht vorliegen, denn was jeder Fachmann im Bedarfsfalle ohne weiteres macht, braucht er nicht erst von einem andern zu lernen. Die Erteilung von Patenten auf selbstverständliche Maßnahmen würde zur Folge haben, daß eine allgemeine Konkurrenz entstehen würde, bei der jeder dem andern den Rang abzulaufen versuchen würde, und bei der nicht das Verdienst zu seinem Rechte kommen, sondern derjenige den Sieg davontragen würde, der am wenigsten Bedenken empfindet, unverdiente Vorteile auf Kosten der Allgemeinheit für seine Person sich anzueignen. Dies würde aber zu einer großen Belästigung und Beschränkung des Gewerbes führen; denn infolge des Patentschutzes würde das Gewerbe in seiner Allgemeinheit für die Dauer des Patents verhindert sein, Maßnahmen anzuwenden, die bisher jeder Fachmann im Bedarfsfalle ohne weiteres anzuwenden vermochte und die er nunmehr ohne Zustimmung des Patentinhabers nicht mehr anwenden darf.

Nur derjenige, welcher etwas ersinnt, was auch ein Fachmann trotz seines Verständnisses, seines Fleißes und seiner Kenntnisse nicht ohne weiteres zu ersinnen vermag, erhält mit Recht ein Patent als Lohn für seine Erfindung, die es dem Fachmann ermöglicht, nach dem Vorgange des Erfinders etwas zu leisten, was er ohne ihn nicht zu leisten vermochte. Hier wird die Beschränkung, welche die Industrie durch das Patent erfährt, durch die ihr zuteil gewordene Förderung überwogen.

Das, was die Leistung des Erfinders von dem, was jeder Fachmann ohne weiteres leisten kann, unterscheidet, nennen wir

Eigenart[16]) in dem Sinne, daß wir das Eigenartige in Gegensatz bringen zu dem, was jedem, der genügende Fachkenntnisse besitzt, geläufig ist.

Zum schöpferischen Schaffen gehört, wie von uns bereits ausgeführt wurde, Phantasie. Was auf der Grundlage des bisher Bekannten nur mit Hilfe besonderer Phantasie zustande zu bringen ist, gehört dem Bereiche der Erfindung an, während das, was sich nach dem bisherigen Stande der Technik ohne besondere Phantasie ergibt, keine Geistesschöpfung ist. Daß die Erfindung eigenartig sein muß, liegt schon in ihrem Wesen als einer Geistesschöpfung, welche Eigenart ihrem Begriffe nach voraussetzt. Die Eigenart bildet daher kein selbständiges Merkmal der Erfindung, sondern dieses Merkmal ist schon darin enthalten, daß die Erfindung eine Geistesschöpfung sein muß.

Nicht eigenartig ist nicht nur dasjenige, was jeder Laie aufzufinden vermag, sondern auch das, was auf fachmännischem Gebiete ohne besondere Phantasie geleistet werden kann. Selbst Ergebnisse, die auf Grund von schwierigen wissenschaftlichen Forschungen in angestrengter Arbeit errungen sind, sind keine Erfindungen, wenn jeder wissenschaftliche Forscher ohne schöpferische Betätigung auf dem gewöhnlichen Wege mit den üblichen Mitteln der Wissenschaft und Technik zu den gleichen Ergebnissen gelangen mußte. Nicht die geleistete Arbeit, sondern die aufgewandte Phantasie ist es, die die Erfindung zu einer solchen stempelt. An die Eigenart sind daher nicht nach der Richtung besondere Anforderungen zu stellen, daß die Erfindung nur unter großen Schwierigkeiten zustande zu bringen war; es genügt, daß die Erfindung unter gewöhnlichen Umständen nur mit Hilfe besonderer Phantasie zu machen war. Wer mit Phantasie begabt ist, findet vielleicht ganz ohne Mühe eine Kombination, die ein anderer trotz aller Anstrengung nicht zu finden vermag.

Ein gewisses Maß von Phantasie ist jedem denkenden Menschen eigen. Das, was jeder Fachmann mit gewöhnlicher Phantasie finden kann, ist daher noch keine Erfindung. Zur Erfindung ist erforderlich, aber auch ausreichend, daß das, was

[16]) Vgl. Schanze: D. Recht d. Erf. S. 334. Osterrieth: Lehrb. d. gew. Rechtsschutzes. S. 64.

der Erfinder geschaffen hat, sich über das Niveau des Selbstverständlichen erhebt.

Liegt die Erfindung fertig vor, so wird manches als selbstverständlich erscheinen, was vorher niemand zu finden vermochte. Ein unbefangenes Urteil kann hier eigentlich nur derjenige abgeben, dem wohl das Problem, nicht aber dessen Lösung bekannt ist. Wer die Lösung des Problems kennt, wird daher mit Vorsicht zu prüfen haben, ob die Lösung ein besonderes Maß von Phantasie erforderte, oder ob sie selbstverständlich war. Dabei wird namentlich in Betracht zu ziehen sein, in welchem Maße die Industrie durch die in Frage stehende Erfindung gefördert wird. Wird der Industrie eine erhebliche Förderung zuteil, so wird auch eine richtige Erfindung vorliegen. Denn wenn die vorliegende erhebliche Verbesserung des bisher Bekannten wirklich selbstverständlich wäre, so hätte es nicht der Anregung des Erfinders bedurft, sondern die Industrie hätte die vorliegende Verbesserung von selbst sich angeeignet.

Ob Eigenart vorliegt, ist auf Grund des jeweiligen Standes der Technik zu prüfen. Da nun der Zeitpunkt, in welchem diese Prüfung vorgenommen wird, ein verschiedener sein kann, so kann darnach auch die Beantwortung der Frage, ob Eigenart vorliegt, eine verschiedene sein. Ideen, die vor vielen Jahren vielleicht als eigenartig gegolten hätten, sind heute bei dem veränderten Stande der Technik als alltägliche, jedem Fachmanne ohne weiteres zugängliche Ideen anzusehen. Selbst eine verhältnismäßig geringe Zeitdifferenz vermag deshalb, weil der Stand der Technik sich in ihr geändert hat, die Beurteilung auf Eigenart maßgebend zu beeinflussen. Da nun für die Prüfung, ob für eine angemeldete Erfindung ein Patent zu erteilen ist, nicht die Zeit der Entstehung der Erfindung, sondern, wie später näher dargelegt werden wird, der Tag der Anmeldung maßgebend ist, so kann es sich ergeben, daß eine ursprünglich eigenartige Erfindung vor dem Tage der Anmeldung den Charakter der Eigenart eingebüßt hat und daher zur Zeit der Anmeldung als eine patentfähige Erfindung nicht mehr gelten kann. In einem solchen Falle mag es für zivilrechtliche Streitigkeiten von Bedeutung sein, daß eine dem Patentschutz zugängliche Erfindung ursprünglich vorgelegen hat, ein Patent kann darauf aber nicht erteilt werden.[17])

Man pflegt dem Erfordernisse der Eigenart auch dahin Ausdruck zu geben, daß man von der Erfindung eine Überraschung verlangt, die entweder in der Stellung der Aufgabe oder in ihrer Lösung und letzterenfalls entweder im Mittel oder im Erfolge liege.[18]) Dies hat insofern eine gewisse Berechtigung, als das Eigenartige bei seinem Erscheinen gewöhnlich Überraschung hervorruft.

---

c) Das Erfordernis der Neuheit der Erfindung.

Nach § 1 des Patentgesetzes werden nur für neue Erfindungen Patente erteilt.

Das Neue in dem hier gebrauchten Sinne steht nicht im Gegensatze zum Alten, sondern im Gegensatze zum Bekannten. In diesem Sinne setzt die Neuheit ein Subjekt voraus, dem etwas neu ist. Es kann etwas nur einer einzelnen Person, oder nur einer geringen Anzahl von Personen, oder auch sehr vielen Personen bekannt sein. Dann ist es den übrigen Personen unbekannt, für diese also neu.

Was dem Erfinder bereits bekannt ist, kann dieser nicht mehr erfinden. Insofern gehört die Neuheit für seine Person zum Begriffe der Erfindung.[19]) Andrerseits wird die Erfindung regelmäßig mit ihrer Vollendung dem Erfinder bekannt. Dieses Kennenlernen hat indessen mit der Neuheit nichts zu tun und ist bereits oben unter b) Gegenstand unserer Betrachtung gewesen.

Für den Begriff Erfindung an und für sich genügt subjektive Neuheit. Auch derjenige macht eine Erfindung, der aus eigener Kraft eine Schöpfung vollbringt, die ihrem Gegenstande nach andern Personen bereits bekannt ist.[20]) Es ist sogar nichts Seltenes, daß mehrere Personen unabhängig voneinander die gleiche Erfindung machen. Hier liegt nicht nur in der Person des

[17]) Vgl. im übrigen Abschnitt e.

[18]) Vgl. Schanze: Das Recht d. Erf. S. 5 u. S. 124. Kohler: Handbuch d. d. Patentrechts S. 96.

[19]) Vgl. A. du Bois-Reymond: Erfindung und Erfinder S. 42.

[20]) Vgl. Pauli im Gew. Rechtsschutz u. Urh. 1903 S. 291.

ersten, sondern auch des zweiten Erfinders eine Erfindung vor. Für den Erfindungscharakter der zweiten Erfindung ist es auch nicht von Bedeutung, ob die erste Erfindung außer ihrem Urheber auch noch andern Personen bekannt war, als der zweite Erfinder seine Erfindung machte. Die erste Erfindung kann sogar schon so allgemein bekannt gewesen sein, daß sie als Gemeingut zu betrachten war, ohne daß dies die zweite Erfindung begrifflich ausschließt, sofern deren Urheber selbst die erste Erfindung bei seiner eigenen erfinderischen Tätigkeit nicht gekannt hat.[21]) In einem solchen Falle wird freilich die Allgemeinheit die zweite Erfindung als eine solche nicht ansehen; sie wird voraussetzen, daß der bekannte Gegenstand dem Erfinder wie allen übrigen Personen bekannt war und, auch wenn diese Voraussetzung sich als nicht zutreffend erweisen sollte, kein besonderes Interesse daran nehmen, ob der Erfinder aus eigener Kraft etwas gefunden hat, was er ebensogut von jeder beliebigen andern Person hätte erfahren können. Auch ist es ohne praktische Bedeutung, ob jemand etwas, was Gemeingut ist, selbsttätig gefunden oder von andern Personen erfahren hat, da hier ein Patent in keinem Falle erteilt werden kann.

Die Patenterteilung beruht, wie wir gesehen haben, auf dem Gedanken, daß dem Erfinder für die Förderung, die dem Gewerbe aus seiner Erfindung erwächst, ein Entgelt gebührt. Es frägt sich nun, in welchem Maße es der Patenterteilung hindernd entgegensteht, daß andere Personen zur Zeit der Anmeldung von der Erfindung bereits Kenntnis erlangt haben. Offenbar würde es zu eng sein, wenn man es zur Voraussetzung der Patenterteilung machen würde, daß außer dem Erfinder noch niemand von der Erfindung erfahren haben dürfte. Denn das Gewerbe kann durch Anmeldung einer Erfindung auch dann noch gefördert werden, wenn die Erfindung noch andern Personen außer dem Erfinder bekannt geworden ist. Sofern nämlich alle diejenigen Personen einschließlich des Erfinders, denen die Erfindung bekannt ist, diese geheim halten, hat das Gewerbe in seiner Gesamtheit von ihr keinen Nutzen. Dabei ist es auch nicht entscheidend, ob die von

[21]) Vgl. Abschnitt e.

der Erfindung unterrichteten Personen zu ihrer Geheimhaltung verpflichtet waren, denn sie können auch ohne eine solche Verpflichtung die Erfindung, sei es im eigenen Interesse oder sei es im Interesse des Erfinders, geheim halten. Würde hier, wegen der Kenntnis mehrerer Personen von der Erfindung, der Patentschutz ausgeschlossen sein, so würde für den Erfinder auch kein Anreiz vorliegen, seine Erfindung im Wege der Anmeldung zur öffentlichen Kenntnis zu bringen, wie es doch im Interesse des Gewerbes liegt.

Mußte hiernach der Gesetzgeber im Interesse einer Förderung des gesamten Gewerbes davon absehen, die absolute Neuheit der Erfindung zur Voraussetzung der Patentfähigkeit zu machen, so konnte er doch andrerseits auch nicht so weit gehen, auf das Erfordernis der Neuheit ganz und gar zu verzichten. Für eine Erfindung, die bereits so bekannt geworden ist, daß sie als ein Gemeingut des Gewerbes betrachtet werden muß, kann ein Patent nicht erteilt werden. Die Kundgebung einer Erfindung, die bereits Gemeingut geworden ist, fördert das Gewerbe nicht mehr, und wenn der Erfinder das Gewerbe nicht fördert, so hat er auch keinen Anspruch auf Patenterteilung. Hier würde die Patenterteilung das Gewerbe für die Dauer des Patents lediglich beschränken.

Können hiernach für Erfindungen, die bereits so bekannt sind, daß sie als Gemeingut zu gelten haben, Patente nicht erteilt werden, so war es die Aufgabe des Gesetzgebers, bestimmte Normen dafür aufzustellen, unter welchen Voraussetzungen eine Erfindung als Gemeingut zu gelten hat.

Diese Normen sind im § 2 des Patentgesetzes enthalten.

Nach § 2 des PG. gilt eine Erfindung nicht als neu, wenn sie zur Zeit der auf Grund dieses Gesetzes erfolgten Anmeldung in öffentlichen Druckschriften aus den letzten hundert Jahren bereits derart beschrieben oder im Inlande bereits so offenkundig benutzt ist, daß danach die Benutzung durch andere Sachverständige möglich erscheint.

Mit diesen Bestimmungen hat der Gesetzgeber gewissermaßen eine besondere Art der Neuheit, eine „gesetzliche" Neuheit geschaffen, die, von der ihr begrifflich innewohnenden subjektiven Beziehung losgelöst, auf eine objektive Grundlage gestellt ist. An Stelle des wirklichen, seiner Ausdehnung nach schwer bestimmbaren subjektiven Bekanntseins ist ein Bekanntseinkönnen gesetzt, das lediglich an bestimmte konkrete Merkmale geknüpft ist, die sich im einzelnen Falle sehr leicht feststellen lassen.

Die gesetzliche Neuheit der Erfindung wird hiernach dadurch ausgeschlossen, daß die Erfindung entweder durch Druckschriften oder durch eine im Inlande erfolgte offenkundige Benutzung in solcher Weise in die Erscheinung getreten ist, daß Sachverständige von ihr Kenntnis nehmen konnten, ohne daß es darauf ankommt, ob irgendwelche Personen von der Erfindung auch wirklich Kenntnis genommen haben. Es genügt also, daß die Erfindung im Inlande beliebigen Personen zugänglich geworden ist. Beliebig zugänglich ist die Erfindung, wenn sie in Druckschriften beschrieben ist, seien dies auch Druckschriften des Auslandes, die bei der heutigen Verkehrsentwicklung den inländischen Druckschriften gleichzustellen sind, oder wenn die Erfindung im Inlande offenkundig, d. h. für unbeteiligte Personen erkennbar, benutzt ist. Eine Erfindung, die beliebigen zur Geheimhaltung nicht verpflichteten Personen zugänglich ist, muß als Gemeingut angesehen werden. Ist aber eine Erfindung bereits Gemeingut geworden, so ist ihre Patentfähigkeit damit beseitigt.[22])

Durch die Vorschriften des § 2 ist das Erfordernis der Neuheit, wie es § 1 aufführt, erschöpfend geregelt. Neuheit liegt nur dann nicht vor, wenn die Voraussetzungen des § 2 erfüllt sind.

Da das Patent als Entgelt für die Förderung des Gewerbes erteilt wird, und da eine Erfindung, solange sie geheimgehalten

[22]) Näheres über die hier nicht weiter interessierende gesetzliche Neuheit bei: Schanze: D. Recht d. Erf. S. 306 fg. Kohler: Lehrbuch d. Patentrechts S. 71 fg. Damme: D. Patentrecht S. 165 fg. Seligsohn: Patentgesetz § 2, Note 2 u. fg. Kent: Patentgesetz § 2. Robolski: Patentgesetz § 2. Derselbe: Theorie u. Praxis S. 27 fg. Osterrieth: Lehrb. d. gew. Rechtsschutzes S. 71 fg. Lutter: Patentgesetz § 2, Note 1—6. Cantor: Ges. betr. den Schutz von Gebrauchsmustern S. 249 fg. Wassermann: Grundzüge des Patentrechts S. 16—33. Isay: Patentgesetz § 2.

wird, das Gewerbe nicht fördert, so genügt es zur Patenterteilung nicht, daß die Erfindung zur Zeit ihrer Entstehung gesetzlich neu war. Wer seine Erfindung verschweigt und erst damit hervortritt, nachdem die Erfindung die gesetzliche Neuheit verloren hat und folglich zum Gemeingut geworden ist, kann ein Patent nicht mit Recht verlangen. Die Erfindung muß daher, um patentfähig zu sein, zur Zeit ihrer Anmeldung neu sein. Ob sie vorher neu war und ob ein Patent erteilt wäre, wenn die Anmeldung früher erfolgt wäre, mag unter Umständen für zivilrechtliche Streitigkeiten (z. B. zwischen dem Anmelder und seinem Vertreter) von Bedeutung sein; für das Patenterteilungsverfahren kommt, von besonderen Ausnahmen abgesehen, nur die Neuheit im Zeitpunkte der Anmeldung in Betracht. Inwiefern grade der Zeitpunkt der Anmeldung der maßgebende ist, wird später noch näher dargelegt werden.[23])

Die Erfindung setzt sich regelmäßig aus verschiedenen Elementen zusammen, die, in besonderer Weise kombiniert, die Erfindung ergeben.

Waren einzelne Elemente zwar gemäß § 2 des PG. bekannt, dem Erfinder aber bisher unbekannt, so ergibt sich leicht eine Unstimmigkeit zwischen dem Erfinder, der eine eigenartige Schöpfung geschaffen zu haben in Anspruch nimmt, und der die Patentfähigkeit prüfenden Behörde. Denn die prüfende Behörde kann dem Erfinder seine Unkenntnis nicht zugute rechnen; sie kann nicht den unkundigen Erfinder besser behandeln als den kundigen, sondern sie hat die Patentfähigkeit lediglich vom objektiven Standpunkte aus zu beurteilen und dabei den Stand der Technik zur Zeit der Anmeldung zugrunde zu legen. Unter solchen Umständen kann sich ergeben, daß das Geisteswerk des Erfinders, das vom subjektiven Standpunkte aus eine wirkliche Erfindung ist, vom Standpunkte der prüfenden Behörde aus als eine patentfähige Erfindung nicht anzusehen ist.

Unrichtig wäre es indessen, jede Erfindung in ihre einzelnen Elemente aufzulösen und beim Nachweise, daß alle einzelnen Elemente bekannt sind, der Erfindung die Patentfähigkeit

---

[23]) Vgl. Teil II, Abschnitt a.

abzusprechen. Selbst wenn alle Elemente bekannt sind, kann doch grade darin die Erfindung liegen, daß diese verschiedenen Elemente in so eigenartiger Weise miteinander kombiniert sind, daß selbst ein Fachmann ohne besondere Phantasie auf diese Kombination nicht kommen konnte. Ferner ist auch zu berücksichtigen, ob die verschiedenen Elemente, wenn sie schon gemäß § 2 des PG. bekannt waren, doch so verschiedenartigen Gebieten angehören, daß ihre vereinigte Kenntnis in der Person eines und desselben Fachmannes nicht vorauszusetzen ist, und deshalb ihre bloße Verbindung schon als etwas Eigenartiges, für den Fachmann nicht von selbst Gegebenes erscheint. Endlich aber ist nicht außer acht zu lassen, daß selbst, wenn die sämtlichen als bekannt nachgewiesenen Elemente einem gleichen oder verwandten Gebiete angehören, doch der Erfinder es ist, welcher diese Elemente zusammengetragen hat. Die Lösung einer Aufgabe mag für einen Sachverständigen, dem sämtliche Elemente der Lösung neben einander geordnet vor Augen liegen, selbstverständlich sein. Vor Lösung der Aufgabe lagen aber diese Elemente nicht in Verbindung miteinander vor, sondern sie waren, ein jedes für sich, in der großen Masse des Bekannten enthalten, ohne daraus irgendwie hervorzutreten.[24]) War hier das Zusammenbringen der bisher getrennten Elemente für einen Sachverständigen nicht selbstverständlich, sondern ein schöpferisches Werk des Erfinders, so kann beim Vorhandensein der sonstigen Voraussetzungen eine patentfähige Erfindung in ihrer Kombination erblickt werden.

Der Grundsatz, daß es für die Beurteilung der Patentfähigkeit auf den Zeitpunkt der Anmeldung ankommt, kommt selbstverständlich auch für den Fall zur Anwendung, daß einzelne Elemente der Erfindung, die zur Zeit der Entstehung der Erfindung noch unbekannt waren, in der Zwischenzeit bis zur Anmeldung gemäß § 2 des PG. bekannt geworden sind. Dies gilt auch von Ideen, die zwar keine eigentlichen Elemente der Erfindung sind, aber mit der Erfindungsidee eine solche Verwandschaft haben, daß sie ihre Eigenart ausschließen, weil aus ihnen in Verbindung mit dem sonst Bekannten die Erfindung für den

---

[24]) Vgl. auch Wirth im Gew. Rechtsschutz u. Urh. 1905 S. 190.

Sachverständigen sich von selbst ergibt. Werden solche Ideen zwar erst nach Entstehung der Erfindung, aber noch vor ihrer Anmeldung, gemäß § 2 des PG. bekannt, so ist nach dem, was bereits oben über das Erfordernis der Eigenart bemerkt wurde, die Patenterteilung ausgeschlossen.

Aus welcher Quelle die neuheitsschädliche Tatsache stammt, welche die Patentfähigkeit der Erfindung beseitigt, ist ohne Bedeutung. Auch eine druckschriftliche Veröffentlichung des Erfinders selbst schließt ebenso wie eine durch ihn erfolgte offenkundige Vorbenutzung die Erteilung eines Patents an ihn wie an jeden andern, der die gleiche Erfindung gemacht hat, aus.

d) Die gewerbliche Verwertbarkeit der Erfindung.[25])

Nur für solche Erfindungen werden Patente erteilt, die eine gewerbliche Verwertung gestatten.[26])

Gewerbliche Verwertbarkeit bedeutet nicht, daß die Erfindung für den Erfinder von Wert ist, daß der Erfinder sie durch Verkauf oder sonstige Ausnutzung verwerten kann, sondern gewerbliche Verwertbarkeit bedeutet, daß die Erfindung für das Gewerbe von Wert ist und vom Gewerbe zur Anwendung gebracht werden kann.

Daß die Erfindung für das Gewerbe von Wert sein muß, liegt auch den Erfordernissen der Eigenart und der Neuheit zugrunde. Hat der Erfinder selbstschöpferisch etwas geschaffen, was bereits Gemeingut ist, so wird durch eine solche Erfindung das Ge-

---

[25]) Vgl. Kohler: Handbuch d. d. Patentrechts S. 171. Derselbe: Lehrbuch d. Patentrechts S. 64 fg. Allfeld: Patentgesetz § 1, Note 9. Schanze: D. Recht d. Erfindungen S. 236 fg. Damme: Deutsches Patentrecht S. 139 fg. Seligsohn: Patentgesetz § 1, Note 14 u. fg. Kent: Patentgesetz, Note 221 u. fg. Robolski: Patentgesetz § 1, Note 12. Derselbe: Theorie u. Praxis S. 36 fg. Lutter: Patentgesetz § 1, Note 4. Isay: Patentgesetz § 1, Anm. 145 fg.

[26]) Vgl. Kommissionsbericht zum Entwurfe des Patentgesetzes vom 25. Mai 1877 S. 5: „Daß eine neue Erfindung die gewerbliche Verwertung gestattet, muß als notwendiges Erfordernis der Patentfähigkeit hingestellt werden, um Erfindungen auszuschließen, die ihrer Natur nach nicht unter die Gegenstände des wesentlich gewerblichen Patentschutzes fallen.“

werbe nicht gefördert. Zu den Erfordernissen der Neuheit und der Eigenart tritt aber noch als weiteres Erfordernis hinzu, daß die Erfindung ihrer Natur nach geeignet ist, vom Gewerbe durch Ausführung verwertet zu werden.

Zur gewerblichen Verwertbarkeit gehört, daß durch die Erfindung unmittelbar oder mittelbar ein sich wiederholendes wirtschaftliches Bedürfnis befriedigt wird. Dieses stets von neuem auftretende Bedürfnis ist es, welches eine gewerbliche Verwertung der Erfindung gestattet. Eine Idee, durch welche eine nur in einem einzelnen konkreten Falle zufällig aufgetretene, vielleicht nie wiederkehrende Schwierigkeit behoben wird, ist dem Patentschutze nicht zugänglich. Für den Schutz einer solchen Idee würde auch kein praktisches Bedürfnis vorliegen, und ein dem Erfinder gewährtes Ausschließungsrecht wäre gegenstandslos.

Die Erfindung muß aber nicht nur beliebig oft ausführbar, sondern sie muß zugleich eine solche sein, daß das Gewerbe Anlaß hat, sie zur Anwendung zu bringen. Das Gewerbe muß durch die Erfindung gefördert werden können. Die Erfindung muß für das Gewerbe nutzbar sein.

Es genügt, daß die Erfindung geeignet ist, das Gewerbe zu fördern. Dagegen ist es nicht erforderlich, daß die Bedeutung der Erfindung für das Gewerbe schon sofort in vollem Umfange zur Geltung zu kommen vermag. Die Verwertung der Erfindung durch das Gewerbe kann von Bedingungen abhängig sein, die in der Gegenwart noch gar nicht erfüllt sind, und selbst der Umstand, daß die Erfüllung dieser Bedingungen mit erheblichen Schwierigkeiten verknüpft ist, schließt die Patentfähigkeit der Erfindung nicht aus. Es ist indessen erforderlich, daß diese Schwierigkeiten mit den bereits bekannten Mitteln überwunden werden können. Sind die Schwierigkeiten solche, daß sie nur durch eine weitere erfinderische Tätigkeit behoben werden können, so wird regelmäßig eine vollendete Erfindung, eine fertige Schöpfung, noch gar nicht vorliegen.[27]) Jedenfalls aber ist in einem solchen Falle das Erfordernis der gewerblichen Verwertbarkeit nicht erfüllt.

---

[27]) Vgl. Reichsgericht im Bl. f. P.-M. u. Zw. 1910. S. 260 u. 261.

Das Wort Gewerbe ist im weitesten Sinne zu verstehen. Es umfaßt nicht nur Handwerk und Industrie, sondern auch Land- und Forstwirtschaft, Jagd, Fischerei, Transportgewerbe, Berg- und Baufach u. a. mehr. Es ist nicht einmal erforderlich, daß die Erfindung für ihre Verwertung ein bereits bestehendes Gewerbe vorfindet, sondern es genügt schon, wenn mit der Erfindung die Grundlage für ein neues Gewerbe geschaffen ist. Dagegen gehören Berufe wie der Lehrberuf oder der ärztliche Beruf nicht zum Gewerbe; ein technisches Verfahren, das nur in einem solchen Berufe anwendbar ist, ist also nicht gewerblich verwertbar, während allerdings Lehrmittel oder ärztliche Instrumente, wie die folgenden Ausführungen ergeben, patentfähig sind.

Die Erfindung ist, wie wir gesehen haben, eine Geistesschöpfung, die dadurch, daß sie vom Gewerbe verwertet werden kann, das Gewerbe fördert. Die Form, in der die Erfindung bei ihrer Ausführung in die Erscheinung tritt, ist zwar nicht die Erfindung selbst; indessen lassen sich doch nach der Form, in der die Erfindung bei der Ausführung erscheint, zwei verschiedene Arten von Erfindungen unterscheiden. Die Erfindung kann sich nämlich entweder auf einen körperlichen Gegenstand oder auf ein Verfahren beziehen.[28])

Verkörpert sich die Erfindung in einem Gegenstande (oder Teile eines solchen), welcher herstellbar ist, und ist dieser Gegenstand geeignet, ein wirtschaftliches Bedürfnis zu befriedigen, so wird regelmäßig auch gewerbliche Verwertbarkeit der Erfindung vorliegen. Denn die durch das vorhandene Bedürfnis bedingte Nachfrage wird die gewerbliche Herstellung des Gegenstandes zur Folge haben. Ohne Bedeutung ist es dabei, welcher Art das wirtschaftliche Bedürfnis ist. Auch das Bedürfnis nach Belehrung oder nach Unterhaltung verlangt Befriedigung. Es kann

---

[28]) Vgl. die Regierungsmotive zum Patentgesetze vom 25. Mai 1877 S. 17: „Der Entwurf beschränkt die Patentfähigkeit auf solche Erfindungen, welche eine gewerbliche Verwertung gestatten. Eine derartige Verwendung kann bestehen entweder in der gewerbsmäßigen Herstellung des erfundenen Gegenstandes oder in seinem Gebrauche innerhalb eines gewerblichen Betriebes.“

daher auch ein Lehrmittel oder ein Spielzeug den Gegenstand einer patentfähigen Erfindung bilden. Ein neu erfundenes Lehrmittel oder ein neu erfundenes Spielzeug fördern das Gewerbe, indem sie für die Lehrmittelindustrie oder die Spielwarenindustrie Aussicht auf neuen Absatz eröffnen. Die Lehrmittelindustrie gehört wie die Spielwarenindustrie dem Gewerbe an, wenn auch der Lehrberuf selbst kein Gewerbe ist.

Die Erfindung kann bei ihrer Ausführung aber auch in einem Verfahren in die Erscheinung treten. Hier ist zunächst zu betonen, daß das Verfahren, da der Patentschutz nur für technische Erfindungen gegeben ist, ein technisches sein muß. Um patentfähig zu sein, muß dieses Verfahren ferner gewerblich verwertbar sein, d. h. es muß vom Gewerbe durch Anwendung verwertet werden können. Ein technisches Verfahren, das nur im Lehrberuf oder nur im ärztlichen Berufe anwendbar ist, ist nicht gewerblich verwertbar. Kommt die Erfindung auf dem Gebiete des Gewerbes zur Anwendung, so kann sie sich sowohl auf das Verfahren in seiner Gesamtheit, als auch auf einen Teil beziehen. Die Förderung des Gewerbes kann darin liegen, daß durch Anwendung des Verfahrens, so wie es sich nach der Erfindung gestaltet, im Vergleich zum bisherigen Stande der Technik, Kraft oder Stoff, Zeit oder Raum gespart wird. Es kann aber auch schon genügen, daß für das Gewerbe ein neuer Weg eröffnet wird, auf dem ein sonst bereits bekannter Erfolg erreicht wird. Die Erfindung braucht hierbei in der Art der Erreichung des Erfolges nicht einmal etwas Besseres zu bieten als bereits bekannt ist. Es kann sogar selbst dann, wenn der neue Weg weniger gut ist, als der bereits bekannte, gewerbliche Verwertbarkeit vorliegen, denn für das Gewerbe kann es schon von Wert sein, daß neben dem bisher allein bekannten Wege noch ein zweiter, zwar weniger guter, aber doch gangbarer Weg eröffnet ist, der an Stelle des andern, in einem besonderen Falle vielleicht verschlossenen Weges betreten werden kann. Dagegen sind Vorgänge, die zwar auf technischem Gebiete sich abspielen und eigenartig sind, aber nichts enthalten, was sie gewerblich anwendbar machen könnte, nicht patentfähig, z. B. ein mechanisches Verfahren, bei welchem die erzeugte Kraft wieder nutzlos verbraucht oder zerstört wird, mag auch der ganze Vorgang noch so eigenartig sein.[29])

Verfahren und körperlicher Gegenstand schließen sich bei einer Erfindung nicht grundsätzlich aus. Ist freilich der körperliche Gegenstand ein längst bekannter und nur die Art und Weise seiner Herstellung neu, eigenartig und für das Gewerbe förderlich, so bezieht sich die Erfindung in ihrer Patentfähigkeit nur auf das Verfahren, nicht aber auf den Gegenstand. Ist hingegen sowohl der Gegenstand als auch das Verfahren neu und eigenartig, so kann, wenn auch nur ein einziger Erfindungsgedanke vorliegt, die Erfindung doch in ihrer Patentfähigkeit beides umfassen.

Bezieht sich die Erfindung auf Einrichtungen oder Vorrichtungen, deren Elemente zwar an und für sich körperlich sind, die in ihrer Kombination aber nicht einen einheitlichen gewerblich herstellbaren Gegenstand, sondern nur die Grundlage für ein Verfahren bilden, so liegt gewerbliche Verwertbarkeit vor, wenn das auf ihrer Grundlage zur Ausführung kommende Verfahren gewerblich verwertbar ist.

Die Prüfung einer Erfindung auf gewerbliche Verwertbarkeit muß sich mit der Feststellung begnügen, daß die Erfindung geeignet ist, das Gewerbe zu fördern. In welchem Maße das Gewerbe durch die Erfindung wirklich gefördert werden wird, läßt sich nur in seltenen Fällen mit einiger Sicherheit feststellen, und nach allen Richtungen hin läßt sich die Bedeutung einer Erfindung für die Industrie im voraus wohl überhaupt nicht genau ermessen. Dabei ist zu beachten, daß der Wert einer bedeutenden Erfindung sich in der Regel nicht auf die greifbaren Vorteile beschränkt, welche die Ausführung der Erfindung in der Praxis bietet, sondern daß bedeutende Erfindungen, indem sie das Verständnis im allgemeinen fördern und zu weiteren Erfindungen von anderer Seite wertvolle Anregung bieten, den Stand der Technik überhaupt auf eine höhere Stufe heben.

---

[29]) Vgl. Robolski: Theorie u. Praxis S. 36. Wird der eigenartige Vorgang in einem Lehrmittel oder Spielzeug veranschaulicht, so kann damit allerdings das Erfordernis der gewerblichen Verwertbarkeit gegeben sein.

Wäre es möglich, den Wert einer jeden Erfindung sofort mit Sicherheit zu bestimmen und danach schon sogleich bei Vollendung der Erfindung das Verdienst des Erfinders zu bemessen, so wäre zu erwägen, ob es nicht im Interesse der Industrie liegen würde, den Erfinder für sein Verdienst, soweit dieses Verdienst in Geld überhaupt abschätzbar ist, durch eine vielleicht ratenweise zu zahlende Geldsumme zu entschädigen. Alsdann würde die Industrie in der Benutzung der Erfindung sofort freie Hand erhalten, was für ihre Entwicklung vielleicht vorteilhafter wäre, als wenn sie lange Jahre hindurch mit dem ausschließlichen Benutzungsrecht eines einzelnen sich abfinden muß.

Allein eine solche Regelung ist wegen der unsicheren Bewertung der Erfindungen durchaus unmöglich.

Die Belohnung des Erfinders muß daher in der Weise erfolgen, daß dem Erfinder für einen gewissen Zeitraum das ausschließliche gewerbliche Benutzungsrecht an der Erfindung gewährt wird. Daß diese Art der Vergütung keine bloße Anerkennung des Urheberrechts des Erfinders bedeutet, sondern über eine solche hinausgeht, ist bei Erörterung des Urheberrechts des Erfinders später näher auszuführen.

Daß dem Erfinder der ihm gebührende Lohn in Gestalt eines Patentes zuteil wird, hat den Vorzug, daß die Erfindung dabei mit ihrem eigenen Maße gemessen wird. Je wertvoller die Erfindung an sich ist, um so wertvoller ist auch ihr Benutzungsrecht. Erscheint hiernach die Erteilung eines auf einen gewissen Zeitraum beschränkten ausschließlichen Benutzungsrechts als die gerechteste Vergütung, die ein Erfinder überhaupt beanspruchen kann, so ergeben sich doch gerade bei dieser Art von Vergütung große Ungleichheiten. Denn Erfindungen, die nur ein vorübergehendes Bedürfnis befriedigen, das schon nach einigen Jahren aus irgend einem Grund wegfällt, können vom Patentinhaber gewerbsmäßig während der ganzen Zeit des Bestehens eines Bedarfs ausschließlich benutzt werden und sind sogar, bei dem progressiven Steigen der Patentgebühren, nur mit verhältnismäßig geringen Steuern belastet. Erfindungen hingegen, die eine dauernde Bereicherung der Industrie bilden, aber unter dem Einflusse mißgünstiger Konkurrenz, oder aus Vorurteil, oder wegen Fehlens einer ihre Anwendung bedingenden entwickelten Industrie erst sehr spät zur Geltung kommen, bringen dem Erfinder nicht die gleichen Vorteile. Eine Bestimmung, die hier einen Ausgleich schafft, läßt das deutsche Patentgesetz vermissen.[30])

---

e) Der Begriff der patentrechtlichen Erfindung und die Patentfähigkeit.[31])

Betrachtet man die Erfindung lediglich als Werk ihres Schöpfers (Erfindung im subjektiven Sinne), so ist die Tätigkeit des Erfinders als eine schöpferische und sein Werk als eine Schöpfung auch dann anzuerkennen, wenn er aus eigener Kraft etwas gefunden hat, was sich vielleicht in (ihm unbekannt gebliebenen) Druckschriften bereits veröffentlicht findet und deshalb gemäß § 2 PG. Gemeingut ist.

Betrachtet man hingegen die Erfindung als selbständiges Gut (Erfindung im objektiven Sinne) und sieht davon ab, daß sie das Werk eines bestimmten Schöpfers ist, so scheidet das persönliche Element ganz aus. Es ist bei dieser Betrachtung dann gleichgültig, ob es sich um eine Schöpfung des A., des B., oder des C. handelt. Es ist ja auch möglich, daß die Erfindung überhaupt nicht der schöpferischen Tätigkeit eines einzelnen zu verdanken, sondern durch die gemeinsame Arbeit mehrerer Personen entstanden ist, von denen kein einziger eigentlich schöpferisch tätig war,[32])

---

[30]) Anders das englische Patentgesetz (1907) in Abschnitt 18.

[31]) Über den Begriff der Erfindung. Vgl. Schanze: Recht der Erfindungen, S. 228. Kent: Patentgesetz § 1, Note 26. Osterrieth: Lehrbuch des gew. Rechtsschutzes S. 60 fg. Seligsohn: Patentgesetz § 1, Note 3. Isay: Patentgesetz § 1, Anm. 5. Kohler: Handbuch d. d. Patentrechts S. 83 fg. Kloeppel: Patent- u. Gebrauchsmusterschutz S. 24 fg. Pilenko (übersetzt von Augustin): Recht des Erfinders S. 247 fg. und dazu Skorodinski (Augustin): Studien in der Praxis des russischen Patentgesetzes S. 170 und Privilegien u. Patente S. 20. Damme: Technische Erfindung und Technik des Erfindens in Kohlers Festschrift S. 299 fg. Derselbe: Patentrecht S. 130 fg.

[32]) Dies ist z. B. der Fall bei der sogen. Etablissementserfindung (vgl. unten II d) in dem von Schanze (Markenschutz u. Wettbewerb 1910 S. 213) ihr beigelegten Sinne. Wie von uns zu I c bereits ausge-

oder daß die Erfindung in der Weise entstanden ist, daß der Erfinder durch zufällige Beobachtungen eine so starke äußere Anregung empfing, daß sich die Erfindung dabei ohne besondere schöpferische Tätigkeit von selbst ergab (Vgl. die bekannte Fabel von der Erfindung des Fernrohrs durch Galiläi). Es können auch verschiedene Personen ganz unabhängig voneinander die gleiche Erfindung gemacht haben, die, objektiv betrachtet, als eine und dieselbe Erfindung anzusehen ist, während im subjektiven Sinne mehrere Erfindungen vorliegen. Bei dieser Betrachtung kommt es dann nur darauf an, ob der der Erfindung zugrunde liegende Gedanke nach dem bisherigen Stande der Technik für einen Sachverständigen ohne besondere Phantasie nicht schon von selbst gegeben war; und ob dieser Gedanke an sich gegenüber dem bisherigen Stande der Technik einen solchen Fortschritt bedeutet, daß er als Erfindung zu bewerten ist. Also nicht das Maß von schöpferischer Kraft, das der Erfinder selbst betätigt hat, und nicht die besonderen, vielleicht außergewöhnlich einfachen, vielleicht aber auch sehr schwierigen Umstände, unter denen der Erfinder gearbeitet hat, sondern das Maß von schöpferischer Kraft, welches andere hätten betätigen müssen, um das gleiche zu finden, und diejenigen Umstände, die bei einer solchen Tätigkeit gewöhnlich vorliegen, sind für das Vorhandensein einer Erfindung im objektiven Sinne entscheidend. Diese Betrachtung der Erfindung setzt, da sie den bisherigen Stand der Technik zugrunde legt, selbstverständlich ihre Neuheit voraus, denn was nicht mehr neu ist, gehört bereits der Technik an.

---

führt wurde, können die Elemente der Erfindung so verschiedenartigen Gebieten angehören, daß ihre vereinigte Kenntnis in der Person eines und desselben Fachmannes nicht zu unterstellen ist. Haben sich nun eine größere Anzahl von Fachmännern der verschiedensten Richtung zu gemeinsamer erfinderischer Tätigkeit verbunden, so kann ihnen die Lösung einer Aufgabe leichter gelingen, als einer einzigen Person, die über so viel vereinigte Kenntnis und Erfahrung nicht verfügt, wenigstens aber, falls sie eine solche umfassende Kenntnis wirklich besitzt, ihre Kenntnis nicht in gleicher Weise der Phantasie dienstbar machen kann. Hier ist es wohl möglich, daß eine Erfindung zustande kommt, bei der eigentlich keiner der Beteiligten schöpferisch tätig gewesen ist. Die Erfindung (im subjektiven Sinne) hat hier eine Gesamtheit von Personen zum Urheber; sie ist nur ihrem Zusammenwirken zu verdanken.

Für die Betrachtung der Erfindung ist aber weiter auch der Zeitpunkt, welcher der Betrachtung zugrunde gelegt wird, von Bedeutung.

Für die Erfindung im subjektiven Sinne ist naturgemäß der Zeitpunkt ihrer Entstehung maßgebend. Die Erfindung muß im Augenblicke ihrer Entstehung für den Erfinder noch neu sein, weil sonst eine Schöpfung in seiner Person überhaupt nicht vorliegt. War sie zwar für den Erfinder noch neu, aber der Allgemeinheit gemäß § 2 des PG. bereits bekannt, so liegt nur eine subjektive, aber keine objektive Erfindung vor. Ein gleiches gilt, wenn die Erfindung zwar als Ganzes noch neu, wenn aber einzelne Elemente oder verwandte Ideen gemäß § 2 des Patentgesetzes bereits bekannt und nur dem Erfinder unbekannt waren, nach denen die Erfindung für einen Sachverständigen von selbst gegeben war. Lag im Zeitpunkte der Entstehung sowohl subjektiv wie objektiv eine Erfindung vor, wurde aber die Erfindung nachträglich, und zwar vor der Anmeldung, gemäß § 2 des PG. bekannt, sei es im ganzen Umfange oder in einzelnen Elementen oder Ideen, die für den Sachverständigen die Lösung der Aufgabe selbstverständlich machten, so hat die ursprünglich patentfähige Erfindung ihre Patentfähigkeit nachträglich eingebüßt.

Fragt man nun, welche Betrachtung für den Begriff der Erfindung die maßgebende ist, ob die Bewertung der Erfindung als selbständiges Gut, oder die Betrachtung der Erfindung als der Geistesschöpfung, die dem Kopfe des Erfinders entsprungen ist,[33]) so wird man sich für das letztere zu entscheiden haben.[34]) Ist einmal eine Erfindung gemacht, so kann für den Begriff der Erfindung als solcher, nämlich für die Tatsache, daß eine bestimmte Idee dem Kopfe einer bestimmten Person entsprungen ist, und für die durch diese Tatsache begründete Urheberschaft ein später

---

[33]) Auf dieser Betrachtung beruht es, daß das englische Recht die Übertragbarkeit der Erfindung grundsätzlich verneint und nur die Übertragung des Patents zuläßt.

[34]) Ohne Bedeutung ist es hierfür, daß der Gesetzgeber in § 1 Abs. 1 das Wort Erfindungen, wie sich später ergeben wird, im objektiven Sinne gebraucht hat, weil es sich dort nur um die Feststellung der Voraussetzungen für die Patentfähigkeit handelt.

eintretendes, nur ihre Bewertung beeinflussendes Ereignis nicht wesentlich sein, wie man denn im subjektiven Sinne auch von weit zurückliegenden Erfindungen spricht, deren Urheberschaft nur noch historische Bedeutung hat. War die subjektiv vorliegende Erfindung bereits im Zeitpunkte ihrer Entstehung nicht mehr neu, so wird man auch hier eine Erfindung als gegeben ansehen müssen,[35]) denn das, was der Erfinder geschaffen hat, ist das Werk seiner eigenen Schöpfung, und es kann hierbei nicht darauf ankommen, ob ein anderer Erfinder, von ihm unabhängig, ein gleiches Werk geschaffen hat, da hier nicht eine, sondern zwei Schöpfungen vorliegen. Es kann daher auch nicht weiter von Bedeutung sein, ob das Werk des andern Schöpfers bereits früher zur Entstehung gelangt ist, und ob es als solches mehr oder weniger bekannt geworden ist, sofern es dem zweiten Erfinder unbekannt geblieben war. Die Kraftleistung des zweiten Erfinders ist, von den begleitenden Umständen abgesehen, die gleiche wie die des ersten, und die vom zweiten Erfinder gewonnene Erkenntnis, daß bei Kombination gewisser Elemente der gewünschte Erfolg eintritt, ist eine ebenso originäre wie die des ersten, und kann, ebenso wie diese, andern Personen, denen die Erfindung noch unbekannt ist, mitgeteilt werden. Man nehme z. B. an, daß die zweite Erfindung gemacht wurde, unmittelbar nachdem die erste Erfindung zwar publiziert war, aber unter Umständen, die es ganz offenbar machen, daß dem zweiten Erfinder die Publikation unbekannt geblieben war. Hier wird man ohne Bedenken eine Erfindung im subjektiven Sinne auch in der Person des zweiten Erfinders als vorliegend ansehen, wenngleich diese Erfindung wegen der voraufgegangenen Publikation nicht patentfähig ist. Je bekannter freilich eine Erfindung geworden ist, und je länger sie bekannt ist, um so weniger wird man geneigt sein, einen neuen Erfinder, der die gleiche Erfindung gemacht hat, als solchen gelten zu lassen, weil es sich hier der allgemeinen Kenntnis entzieht, ob wirklich eine Selbsterfindung vorliegt. Handelt es sich um Dinge, die allgemein bekannt sind, so wird man nicht voraussetzen, daß diese Dinge dem Erfinder

---

[35]) Vgl. auch Pilenko: Das Recht des Erfinders (übersetzt von Augustin) S. 667—668.

unbekannt waren, und man wird jedenfalls nicht geneigt sein, dem Erfinder seine Unkenntnis zugute zu rechnen. Man wird vielmehr die theoretisch vielleicht vorliegende Erfindung praktisch als nicht vorhanden ansehen.

Ist hiernach für den Begriff der Erfindung die Erfindung im subjektiven Sinne maßgebend und ist sie in diesem Sinne namentlich für die im zweiten Teile zu erörternde Frage, wem das Urheberrecht an der Erfindung zusteht, von Bedeutung, so kommt für die Prüfung auf Patentfähigkeit allein der objektive Standpunkt in Betracht.[36]) Den Gegenstand der letzteren Prüfung bildet eigentlich auch gar nicht die Erfindung als Schöpfung, sondern vielmehr das von der Erfindung befaßte geistige Gut, das lediglich darauf geprüft wird, ob es als solches eine Bereicherung des Gewerbes zu bilden vermag. Diese Prüfung löst bereits die persönliche Beziehung, die zwischen dem Urheber und seinem Werke besteht, und die schließlich, wenn die Erfindung nach Erlöschen des Patents Gemeingut geworden ist, so gut wie ganz beseitigt ist und nur noch historische Bedeutung hat.

Die Prüfung der Erfindung auf Patentfähigkeit und die Prüfung, wem das Urheberrecht an der Erfindung zusteht, haben hiernach die Erfindung in einem ganz verschiedenen Sinne, erstere im objektiven Sinne, letztere im subjektiven Sinne, zum Gegenstande. Die letztere Prüfung behandelt die Erfindung in der ihr eigentlich zukommenden Bedeutung des Worts, während die erstere Prüfung nicht die Erfindung, sondern ihr Objekt, das auch bei verschiedener Urheberschaft ein und dasselbe sein kann, betrifft. Wäre es hiernach vielleicht richtiger,[37]) von einer

---

[36]) Die Urheberschaft der Erfindung, die namentlich für den Anspruch auf Patenterteilung gemäß § 3 Abs. 2 des PG. wesentlich ist, scheidet also für das Patenterteilungsverfahren keineswegs ganz aus, sondern sie kommt nur für die Prüfung auf Patentfähigkeit nicht in Betracht, und sie kann erst aktuell werden, wenn die Frage der Patentfähigkeit bejaht wird.

[37]) Vgl. Damme: Deutsches Patentrecht, S. 133: „Der Deutsche Patentschutzverein hatte vorgeschlagen, im deutschen Patentgesetz statt von Erfindungen von „Erzeugnissen der Industrie, Methoden, solche herzustellen, und Maschinen, Geräten oder Werkzeugen" zu reden. Dazu bemerkt der Bericht der Reichstagskommission von 1877:

Prüfung der „Erfindung“ auf Patentfähigkeit überhaupt nicht zu sprechen, so wird doch, mit Rücksicht auf den einmal bestehenden Sprachgebrauch, und da der Gesetzgeber selbst im § 1 das Wort Erfindungen im objektiven Sinne braucht, allerdings unter Hinzufügung des Wortes neue, an diesem Worte festzuhalten, dabei indessen der verschiedene, mit ihm verbundene Sinn zu beachten sein.

Bei der Prüfung der Patentfähigkeit scheidet hiernach die Frage, ob eine Erfindung im subjektiven Sinne vorliegt, ganz aus. Wird der zur Patenterteilung berufenen Behörde durch die Anmeldung eine Erfindung unterbreitet, so ist es für diese Behörde bei der Prüfung auf Patentfähigkeit ganz ohne Interesse, wann und unter welchen besonderen Umständen die ihr vorliegende Geistesschöpfung zustande gekommen ist. Wird dem Anmelder nachgewiesen, daß das als Erfindung in Anspruch Genommene vor dem hier maßgebenden Zeitpunkte der Anmeldung gemäß § 2 PG. bekannt geworden war, so hat das Patentamt keinen Anlaß, dabei den Fragen näher zu treten, wann die angebliche Erfindung gemacht ist, ob die Neuheit auch schon zur Zeit der Entstehung der Erfindung nicht mehr vorhanden war und ob etwa der angebliche Erfinder selbst die ihre Neuheit ausschließenden Tatsachen damals schon kannte, so daß eine Erfindung überhaupt nicht vorlag. Das Patentamt begnügt sich vielmehr damit, die Erfindung als nicht patentfähig zu kennzeichnen und deshalb die Anmeldung zurückzuweisen. Sind nur einzelne, vom Anmelder gleichfalls als neu beanspruchte Elemente der Erfindung, nicht aber die Erfindung im ganzen als bekannt nachweisbar, so kann das Patentamt die Anmeldung nicht ohne weiteres zurückweisen, sondern muß die Frage prüfen, ob auf der Grundlage des Bekannten die Erfindung für einen Sachverständigen ohne schöpferische Phantasie von selbst gegeben war.[37a]) Ist letzteres zu bejahen, so ist die An-

---

„Mit Recht sieht der Gesetzentwurf von dieser Aufzählung ab, weil sie unnötig ist und zu Bedenken Veranlassung geben kann.“ Wäre dieser Vorschlag akzeptiert, so wäre damit der nicht ganz zutreffende Ausdruck Erfindungen vermieden worden.

[37a]) Vgl. Bergell: Der hypothetische Sachverständige im Gew. Rechtssch. u. Urh. 1910. S. 366.

meldung zurückzuweisen, weil ihr Gegenstand nicht im vollen, vom Anmelder beanspruchten Umfange mehr neu und deshalb in diesem Umfange nicht patentfähig ist, und weil ferner, insoweit der Gegenstand der Anmeldung noch neu ist, nach dem hier maßgebenden Stande der Technik im Zeitpunkte der Anmeldung eine Erfindung nicht vorliegt. Aus dem letzteren Grunde ist die Anmeldung auch dann zurückzuweisen, wenn die Erfindung zwar noch im vollen Umfange neu war, aber vor der Anmeldung verwandte Ideen bekannt geworden sind, welche die Eigenart im Zeitpunkte der Anmeldung ausschließen. In keinem dieser Fälle kommt es darauf an, ob dem Erfinder die neuheitsschädlichen Tatsachen bekannt waren oder nicht.

Hiernach ergibt sich über den Begriff der Erfindung und ihre Patentfähigkeit folgendes:

Erfindung im subjektiven Sinne ist die Schöpfung des Erfinders, d. h. die Erfindung in ihrem Verhältnisse zur Person ihres Schöpfers. Dieses Verhältnis ist in der Tatsache der Urheberschaft begründet, die dem Erfinder ein Urheberrecht an seiner Schöpfung verleiht.

Die Erfindung im objektiven Sinne ist die Erfindung als geistiges Gut,[38]) losgelöst von der persönlichen Beziehung zu ihrem Schöpfer.

Haben verschiedene Erfinder die gleiche Erfindung gemacht, so liegen verschiedene Schöpfungen, also verschiedene Erfindungen im subjektiven Sinne vor. Dagegen liegt hier im objektiven Sinne nur eine einzige Erfindung vor. Denn wenn die Erfindung als geistiges Gut von der Person ihrer Schöpfer losgelöst ist, so handelt es sich nur noch um eine und dieselbe Erfindung.

Begehrt der Erfinder die Erteilung eines Patents für seine Erfindung, so begehrt er nicht bloß Schutz für seine Schöpfung, d. h. nicht bloß das Recht auf ausschließliche Benutzung seiner eigenen Schöpfung, sondern das Recht, die Erfindung im objektiven Sinne ausschließlich zu benutzen. Er beansprucht das Recht, nicht nur die Benutzung seiner eigenen Schöpfung, sondern auch

---

[38]) „Immaterialgut". Vgl. hierüber die grundlegenden Ausführungen Kohlers namentlich im Archiv f. civ. Praxis Bd. 82 S. 141 fg.

die Benutzung jeder andern Schöpfung, welche die gleiche Erfindung betrifft, allen andern zu untersagen.

Die patenterteilende Behörde hat also nicht zu prüfen, ob die Erfindung im subjektiven Sinne patentfähig ist, sondern ob das von dieser Erfindung befaßte Geistesgut als solches, losgelöst von jeder persönlichen Beziehung, patentfähig ist. Die Prüfung auf Patentfähigkeit hat also die Erfindung im objektiven Sinne zum Gegenstande.[38a]) Die patenterteilende Behörde prüft, ob zu dem für ihre Prüfung maßgebenden Zeitpunkte der Anmeldung eine patentfähige Erfindung vorlag. Bei dieser Prüfung faßt sie nicht die Person des Schöpfers der Erfindung, dessen Kenntnis oder Unkenntnis und die Art der Entstehung der Erfindung ins Auge, sondern sie prüft rein objektiv, ob nach dem Stande der Technik zur Zeit der Anmeldung die Erfindungsidee für einen Sachverständigen, der unter gewöhnlichen Verhältnissen zu arbeiten hatte, nicht von selbst gegeben war, und ob sie als solche geeignet ist, das Gewerbe zu fördern. Sind diese Voraussetzungen erfüllt, so ist die Erfindung patentfähig und es wird damit eine Erfindung im objektiven Sinne als vorhanden anerkannt. Die Erfindung im objektiven Sinne ist hiernach die der Prüfung auf Patentfähigkeit unterliegende Erfindung, während die Erfindung im subjektiven Sinne, d. h. die Erfindung im Verhältnis zur Person ihres Schöpfers, nur unter dem Gesichtspunkte einer objektiven Erfindung auf Patentfähigkeit geprüft wird und daher nur dann patentfähig ist, wenn sie auch im objektiven Sinne als eine Erfindung anzuerkennen ist.

Daß auf das den Gegenstand der Erfindung bildende geistige Gut als solches (die Erfindung im objektiven Sinne) der Ausdruck Erfindung eigentlich nicht mehr zutrifft, ist bereits erwähnt worden.

Die Tatsache der Urheberschaft und die auf ihr beruhende Erfindung im subjektiven Sinne ist etwas ein für allemal Feststehendes, während die Patentfähigkeit wandelbar ist. Die

---

[38a]) In diesem Sinne ist das Wort Erfindung auch in § 20 Abs. 1 d. PG. zu verstehen, wonach für jede Erfindung eine besondere Anmeldung erforderlich ist. Für die Handhabung der Bestimmung ist dies von großer Bedeutung.

Patentfähigkeit kann durch spätere Ereignisse beeinflußt werden. Es kann insbesondere eine ursprünglich patentfähige Erfindung dadurch, daß vor der Anmeldung ihre Neuheit verloren geht, nachträglich patentunfähig werden. Es ist sogar der umgekehrte Fall theoretisch möglich, daß eine ursprünglich patentunfähige Erfindung nachträglich patentfähig wird, nämlich wenn eine Erfindung gemacht ist, die in einer vor annähernd hundert Jahren erschienenen Druckschrift beschrieben ist und die beim Fehlen anderer neuheitschädlicher Tatsachen patentfähig wird, wenn der Zeitraum von hundert Jahren abläuft, nach diesem Zeitpunkte also als neu im Sinne des § 2 des PG. angemeldet werden kann. Das Erfordernis der Patentfähigkeit erschöpft sich nicht darin, daß die Erfindung neu und gewerblich verwertbar sein muß. Eine Erfindung kann nachträglich auch dadurch ihre Patentfähigkeit verlieren, daß verwandte Ideen bekannt werden, die den Stand der Technik verändern und dem Sachverständigen die Lösung der gestellten Aufgabe ohne besondere Phantasie ermöglichen.[39]) Waren diese Ideen bereits im Zeitpunkte der Entstehung der Erfindung gemäß § 2 des PG. bekannt und nur dem Erfinder unbekannt geblieben, so war die subjektiv vorliegende Erfindung von Anfang an nicht patentfähig.

Will man die Erfindung im subjektiven Sinne definieren, so läßt sich von ihr nichts weiter sagen, als daß sie eine Geistesschöpfung ist, die, um für das Patentrecht in Betracht zu kommen, auf technischem Gebiete liegen muß.

Das von dieser Erfindung befaßte geistige Gut als solches, das, sofern es neu ist, die Erfindung im objektiven Sinne bildet, ist patentfähig, wenn der ihm innewohnende Gedanke gewerblich verwertbar und, gegenüber dem bisherigen Stande der Technik, neu und eigenartig ist.

Bei der Prüfung auf Patentfähigkeit, die im übrigen vom Wechsel der Zeit abhängig ist, kommt als maßgebend grundsätzlich der Zeitpunkt der Anmeldung in Betracht.

---

[39]) In diesem Falle tritt es klar hervor, daß das Wort Erfindungen in § 1 Abs. 1 im objektiven Sinne gebraucht sein muß.

Die Entscheidung der Frage, ob eine Erfindung vorliegt und ob diese Erfindung patentfähig ist, setzt eine Beurteilung voraus, bei welcher dem subjektiven Ermessen ein weiter Spielraum bleibt.

---

f) Besondere Anwendungsfälle.

Es sind nunmehr noch eine Reihe von Fällen daraufhin zu prüfen, ob bei ihnen eine patentfähige Erfindung vorliegt oder nicht. Dabei ist zunächst wieder zu betonen, daß eine Erfindung überhaupt nur dann dem Patentschutze zugänglich ist, wenn die bei ihr vorliegende Geistesschöpfung technischer Art ist. Es scheiden daher von vornherein alle Erfindungen aus, deren Eigenart auf ästhetischem Gebiete liegt, insbesondere also die Geschmacksmuster.

Eine neue Notenschrift, eine neue Weltsprache, eine neue Kurzschrift, Systeme einer Buchführung, Pläne für Handelsunternehmungen, Systeme von Eisenbahnfahrplänen u. dgl. bilden keine patentfähige Erfindung. Denn es handelt sich bei ihnen weder um ein technisches Verfahren, noch um gewerblich herstellbare körperliche Gegenstände. Mögen auch die Druckschriften, in denen die Erfindung zum Ausdruck kommen kann, gewerblich herstellbar sein, so erschöpft sich doch die Erfindung in bloßen Zeichen, die eine sinnbildliche Bedeutung haben. Die etwa vorhandene Eigenart liegt auf rein geistigem Gebiete und gehört nicht der Technik an.

Auch ein Heilverfahren ist dem Patentschutze nicht zugänglich, weil die Behandlung des lebenden Körpers nicht in das Gebiet der Technik fällt. Dies gilt selbst dann, wenn die Behandlung ein technisches Verfahren zur Grundlage hat. Denn das technische Verfahren hat hier keine selbständige Bedeutung, sondern es bildet einen integrierenden Bestandteil des Heilverfahrens, dessen Schwerpunkt auf physiologischem und nicht auf technischem Gebiete liegt.

Ein Heilverfahren ist auch noch aus einem andern Grunde vom Patentschutze ausgeschlossen. Dieser Grund liegt darin, daß der ärztliche Beruf kein Gewerbe ist. Ein Arzt, der, um ein

Menschenleben zu retten, ein bestimmtes Heilverfahren anwenden muß, darf hieran nicht durch ein Patent gehindert sein.

Heilverfahren sind nicht nur in Anwendung auf Menschen, sondern auch auf Tiere aus dem angegebenen Grunde vom Patentschutze ausgeschlossen.

Dagegen sind, wie bereits früher ausgeführt wurde, ärztliche Instrumente, die mit den Mitteln der Technik hergestellt werden, patentfähig. Denn wenn auch ihre Anwendung keine gewerbliche ist, so ist doch ihre Herstellung eine gewerbliche und damit ist dem Erfordernisse der gewerblichen Verwertbarkeit genügt.

Ebensowenig wie ein Heilverfahren ist ein Massierverfahren eine patentrechtliche Erfindung. Denn auch das Massierverfahren besteht in der Behandlung des menschlichen Körpers, der kein Stoff im technischen Sinne ist. Das Massierverfahren ist auch nicht für sich allein, sondern in Verbindung mit dem dadurch zu erzielenden physiologischen Erfolge zu beurteilen; der kein technischer ist.

Da der menschliche Körper kein Stoff im technischen Sinne ist, so ist auch seine Behandlung durch ein Frisier- oder Manikurverfahren keine patentrechtliche Erfindung. Bezieht sich das Frisierverfahren nicht auf den menschlichen Körper, sondern auf die Herstellung von Perücken oder dgl., so ist es dem Patentschutze zugänglich.

Auch ein Verfahren zur Ausbildung im Turnen[40]) oder Schwimmen ist keine patentrechtliche Erfindung, wennschon es gewerblich verwertbar sein mag. Denn auch hier handelt es sich um die Hervorrufung von Bewegungen des menschlichen Körpers, die nicht dem Gebiete der Technik angehören. Dagegen sind Turngeräte selbstverständlich patentfähig.

Wie ein Heilverfahren ist auch ein Mästungsverfahren in Anwendung auf Tiere vom Patentschutze ausgeschlossen, da dieses Verfahren kein technisches ist. Das Verfahren ist nicht auf einen technischen, sondern auf einen physiologischen Erfolg gerichtet.

Ebensowenig ist ein Pflanzenzüchtungsverfahren, z. B. ein Verfahren, nach welchem die Pflanzen in einem gewissen Ent-

---

[40]) Vgl. Seligsohn: Patentgesetz, § 1 Note 5.

wickelungsstadium (nämlich wenn sie das zweite Blatt angesetzt haben) mit Erde behäufelt werden, schutzfähig, selbst wenn dieses Verfahren in eigenartiger Weise zur Ausführung kommt, weil die Pflanzen sich nicht nach den Gesetzen der Technik, sondern nach physiologischen Gesetzen entwickeln. Ist indessen das eigenartige Verfahren ein solches, daß dabei ein technischer Erfolg eintritt, der als solcher selbständig und vom physiologischen Erfolge unabhängig ist, so ist ein Patentschutz nicht ausgeschlossen. Die gewerbliche Verwertbarkeit kann dann gerade darin gefunden werden, daß die an sich vorliegende technische Erfindung vom Gewerbe der Landwirtschaft mit Nutzen angewandt werden kann. Eine Maschine zum Behäufeln der Saat ist schutzfähig, und zwar nicht nur deshalb, weil sie dem Gewerbe der Landwirtschaft dient, sondern schon deshalb, weil sie gewerblich herstellbar ist.

Schutzfähig ist auch ein Verfahren, nach welchem mit Hilfe der Technik die Getreidekörner von den Hülsen befreit oder zu Mehl vermahlen werden, weil es sich hierbei um keinen Prozeß der schaffenden Natur handelt.

Nicht schutzfähig ist ein Verfahren zur Verhinderung von Reblausschäden, das in der Einpflanzung von Zwischenpflanzen besteht, um die Tiere durch Ablenkung unschädlich zu machen. Dagegen kann ein Verfahren, die Tiere durch Bespritzen mit Stoffen zu töten oder unschädlich zu machen, schutzfähig sein, weil es sich dabei um ein technisches Abtöten oder Betäuben handelt. Ein Verfahren zur unmittelbaren Tötung von schädlichen Tieren ist schutzfähig, während ein Verfahren, das auf Selbstvergiftung der Tiere abzielt, vom Schutze ausgeschlossen ist, weil im letzteren Falle die Tötung nicht die technische Wirkung des angewandten Verfahrens ist.

Es läßt sich nicht bestreiten, daß verdienstvolle Erfindungen gemacht werden können, durch welche die schaffende Natur eine wesentliche Förderung erfährt. Aber hier ist das Schaffen des Menschen mit dem Schaffen der Natur so eng verknüpft, daß eine Trennung nicht möglich ist. Was Verdienst der schaffenden Natur ist, kann aber der Erfinder nicht für sich allein in Anspruch nehmen. Mag auch der zu erzielende Erfolg ohne die Erfindung überhaupt nicht eintreten, so würde der Erfolg doch auch ohne das schöpferische Schaffen der Natur ebensowenig eintreten. Jedenfalls ist die Erfindung in ihrer Gesamtheit keine technische, da sie sich auf physiologischem Gebiete vollzieht.

Lehrmethoden und Erziehungsmethoden werden in der Regel schon deshalb vom Patentschutze ausgeschlossen sein, weil es sich bei ihnen nicht um ein technisches Verfahren handeln wird. Fehlt ihnen nicht der technische Charakter, so wird der Patentschutz doch deshalb ausgeschlossen sein, weil die gewerbliche Verwertbarkeit fehlt. Der Lehrberuf und der Erziehungsberuf gehören nicht zu den Gewerben. Sind die zur Anwendung kommenden konkreten Lehrmittel gewerblich herstellbare Gegenstände, so ist damit die Patentfähigkeit gegeben.[41])

Ein Denaturierungsverfahren, das lediglich steuerfiskalischen Interessen und nicht dem Gewerbe als solchem dient, kann nicht patentiert werden. Denn selbst wenn es sich bei ihm um ein eigenartiges technisches Verfahren handelt, so ist doch dieses Verfahren nicht im Sinne des Patentgesetzes gewerblich verwertbar.

Ein Meßinstrument ist schutzfähig, obwohl es mit Zeichen versehen ist, die lediglich eine sinnbildliche Bedeutung haben, vorausgesetzt, daß im Meßinstrumente selbst und nicht ausschließlich in der Bedeutung der Zeichen Eigenart liegt. Liegt die Eigenart zwar vorwiegend auf geistigem Gebiete, bedingt aber z. B. die Art der Anbringung der Meßzeichen in der körperlichen Gestaltung eine Abweichung von der bisher üblichen Form, so ist ein solches Meßinstrument dem Patentschutz zugänglich. Denn wenn auch die körperliche Gestaltung die von selbst gegebene Konsequenz der eigentlichen Erfindungsidee ist, so war sie doch eben darum, weil diese Idee neu war, nicht von selbst gegeben.

Eine Erfindung, die darin liegt, an sich bekannte Gegenstände, die bisher ganz andern gewerblichen Zwecken dienten, z. B. Präzisionskugeln für Kugellager als Hohlmaß für Meßzwecke zu verwenden, kann patentfähig sein. Denn um für diesen

---

[41]) Vgl. darüber Abschnitt d.

Zweck praktisch brauchbar zu sein, müssen die Präzisionskugeln mit einem Meßzeichen versehen werden. Die Ausführung der Erfindung besteht hier darin, mit Meßzeichen versehene Präzisionskugeln gewerblich herzustellen, oder bereits vorhandene Präzisionskugeln gewerblich mit Meßzeichen zu versehen. Eine solche Erfindung ist gewerblich verwertbar, insofern sie sich auf einen gewerblich herstellbaren, praktisch brauchbaren Gegenstand bezieht.

Weicht das neue Meßinstrument lediglich dadurch von dem bisher bekannten ab, daß die sinnbildlichen Zeichen durch solche von anderer Bedeutung ersetzt sind, oder daß an Stelle des bisher angewandten Systems ein anderes, z. B. an Stelle des Duodezimalsystems das Dezimalsystem gesetzt ist, so liegt keine patentfähige Erfindung vor, mag auch das neue Meßinstrument weit brauchbarer sein, als das bisher bekannte. Denn das, was das Eigenartige der Erfindung ausmacht, liegt nicht auf technischem Gebiete.

Die Auffindung eines bisher unbekannten physikalischen Lehrsatzes ist zwar keine Erfindung, weil es sich dabei nur um die Entdeckung von etwas bereits Vorhandenem,[42]) nicht aber um eine Schöpfung des Erfinders handelt. Indessen vermag die dabei gewonnene Erkenntnis die Grundlage für eine ganze Reihe von bedeutenden Erfindungen zu bilden, deren Eigenart durch die Anwendung des bisher nicht bekannten Lehrsatzes begründet wird.[43])

Allgemeine Ideen, für deren Ausführung es an einer konkreten Grundlage fehlt, z. B. die bloße Idee, Ebbe und Flut für die Technik als Kraft nutzbar zu machen, sind dem Patentschutze nicht zugänglich. Sie sind weder eine fertige Schöpfung, noch sind sie gewerblich verwertbar, weil es zu ihrer Anwendung noch weiterer erfinderischer Tätigkeit bedarf und das Gewerbe vorläufig keine Möglichkeit hat, sie anzuwenden.

Gewisse Erfindungen sind durch besondere Gesetzesbestimmung vom Patentschutze ausgeschlossen. Es sind dies einmal Erfindungen, deren Verwertung den Gesetzen oder guten Sitten

---

[42]) Vgl. Abschnitt b.

[43]) Vgl. Kohler: Lehrbuch d. Patentrechts S. 22.

zuwiderlaufen würde, und sodann Erfindungen von Nahrungs-, Genuß- und Arzneimitteln, sowie von Stoffen, welche auf chemischem Wege hergestellt werden, soweit die Erfindungen nicht ein bestimmtes Verfahren zur Herstellung der Gegenstände betreffen (§ 1 Ziff. 1 und 2 des PG.).[44])

Zu den Genußmitteln, die im Sinne des Regierungsentwurfs auch die Nahrungsmittel einschließen sollten, und den Arzneimitteln bemerken die Regierungsmotive (S. 17):

„Die Ausnahme unter Nr. 3 beruht in einer doppelten Rücksicht. Einerseits haben die Genuß- und Arzneimittel für die Volkswohlfahrt im allgemeinen und für die öffentliche Gesundheitspflege insbesondere eine hohe Bedeutung, welche es verbietet, durch Erteilung eines Vorrechts auf die Verwertung des Mittels an den Entdecker die Zugänglichkeit des Gegenstandes zu erschweren oder den Preis desselben zu steigern. Andrerseits würde die Erteilung eines Patents für derartige Gegenstände in besonderem Grade die Gefahr erzeugen, daß der gesetzliche Schutz mit marktschreierischen Mitteln unter Irreleitung der Bevölkerung zu eigennützigen Zwecken mißbraucht wird. Beide Bedenken schwinden, wenn nicht der Gebrauch eines Genuß- oder Arzneimittels, sondern nur ein bestimmtes Verfahren für dessen Herstellung patentiert wird; hier schützt die durch den Entwurf vorgesehene Veröffentlichung des des neuen Verfahrens vor einer Täuschung des Publikums über dessen wirklichen Wert, und die Ermittlung des neuen, voraussichtlich vorteilhafteren Herstellungsverfahrens kann den Absatz und Verbrauch nicht erschweren, sondern nur befördern."

Zu den von der Kommission hinzugefügten chemischen Stoffen bemerkt der Kommissionsbericht:

„Bezüglich der auf chemischem Wege hergestellten Stoffe erachtete die Kommission die Ausschließung von der Patentfähig-

---

[44]) Vgl. hierzu Kohler: Lehrbuch d. Patentrechts S. 26 u. S. 61-68. Seligsohn: Patentgesetz § 1 Note 20—25. Kent: Patentgesetz § 1 Note 357—364. Allfeld: Patentgesetz § 1 Note 13—15. Wassermann: Grundzüge des Patentrechts S. 39—48. Isay: Patentgesetz, § 1 Anm. 176 fg. Pilenko (Augustin): Recht des Erfinders S. 312—315. Rauter (in der Sammlung Göschen): D. deutsche Urheberrecht S. 67.

keit als durch die Natur der Sache geboten. Die wichtigsten neuen Körper, wie z. B. Aluminium, können auf chemischem Wege hergestellt werden. Wollte man aber für einen solchen Körper den Patentschutz erteilen, so dränge man das wissenschaftliche und praktische Bemühen zurück, den patentierten Gegenstand auf praktischerem und billigerem Wege herzustellen."

II. Das Erfinderrecht[45]) und seine Geltendmachung.

a) Die Anmeldung der Erfindung als Voraussetzung für die Erlangung des Patentschutzes.

Wie wir gesehen haben,[46]) beruht die Patentgesetzgebung auf dem Gedanken, daß derjenige, welcher durch eine Erfindung auf technischem Gebiete das Gewerbe fördert, für den der Gesamtheit damit geleisteten Dienst auf eine Gegenleistung Anspruch hat. Diese Gegenleistung besteht in der Erteilung eines Patents, d. i. eines Rechts, die Erfindung für einen bestimmten Zeitabschnitt ausschließlich gewerbsmäßig benutzen zu dürfen, also alle andern für bestimmte Zeit von der gewerbsmäßigen Benutzung auszuschließen.

Die Erteilung eines Patents erfolgt durch das Patentamt auf Grund eines gesetzlich geordneten Verfahrens, in dem eine Prüfung stattfindet, ob eine Leistung des Erfinders,[47]) die auf Gegenleistung, also auf Patenterteilung, Anspruch gibt, vorliegt. Denn der Erfinder kann ein Patent nur dann beanspruchen, wenn seine Erfindung und deren Kundgebung beim Patentamte auch wirklich geeignet ist, das Gewerbe zu fördern. Ob letzteres der Fall ist, muß in einem besonderen Verfahren erst festgestellt werden.

Immerhin gibt aber doch die Anmeldung dem Erfinder einen Anspruch auf Patenterteilung in dem Sinne, daß ihm ein Patent erteilt werden **muß**, falls die Voraussetzungen für die Erteilung eines solchen vorliegen. Das Patentgesetz sagt in § 1 ausdrück-

---

[45]) Unsere Untersuchung beschränkt sich selbstverständlich auf das Gebiet der patentrechtlichen Erfindungen und schließt auch das Recht aus einem erteilten Patente nicht ein.

[46]) Vgl. Teil I, Abschnitt a.

[47]) Vgl. Note 6.

lich: Patente werden erteilt, d. h. müssen erteilt werden für neue Erfindungen, welche eine gewerbliche Verwertung gestatten, und es gibt in § 3 Abs. 1 demjenigen, welcher die Erfindung zuerst nach Maßgabe des Patentgesetzes angemeldet hat, einen Anspruch auf die Erteilung des Patents.[48])

Ein Anspruch auf Patenterteilung besteht allerdings nicht in dem Sinne, daß der Erfinder ihn im Wege der Klage gegen das Patentamt bei den ordentlichen Gerichten zur Geltung bringen könnte. Denn da der Anspruch nur unter der Voraussetzung besteht, daß eine patentfähige Erfindung vorliegt und da das Vorhandensein dieser Voraussetzung nur in dem dafür vorgeschriebenen Verfahren, für welches das Patentamt ausschließlich zuständig ist, festgestellt werden kann, so kann die Erteilung eines Patents gerichtlich nicht erzwungen werden. Ist hiernach der durch die (erste) Anmeldung der Erfindung erworbene Anspruch auf Patenterteilung kein klagbarer, so ist er doch ein gesetzlich anerkannter. Diese gesetzliche Anerkennung hat die Bedeutung, daß das Patentamt amtlich verpflichtet ist, dem Anmelder, falls die gesetzlichen Voraussetzungen erfüllt sind, das Patent zu erteilen, daß es also nicht im Belieben des Patentamts steht, ob es das Patent erteilen oder nicht erteilen will, und daß das Patentamt bei seiner Entschließung lediglich die Gesetze und nichts anderes zu beachten hat.

Der Anspruch auf Patenterteilung wird durch die bloße Tatsache, daß eine Erfindung gemacht ist, noch nicht begründet. Denn eine Erfindung, die nur ihrem Urheber und vielleicht noch einigen andern zur Geheimhaltung verpflichteten Personen bekannt ist, hat für die Gesamtheit vorläufig keinen Wert. Läßt der Erfinder seine Geistesschöpfung der Gesamtheit nicht zugute kommen, so liegt auch kein Grund vor, ihm ein Patent zu erteilen. Um auf die Erteilung eines Patents Anspruch zu erwerben, muß der Erfinder seine Erfindung der Allgemeinheit offenbaren. Diese Offenbarung muß durch den Akt der Anmeldung eingeleitet werden. Nur eine im Wege der Anmeldung

[48]) Vgl. Robolski: Patentgesetz § 1 Note 1. Allfeld: Patentgesetz § 3 Note 2. Kohler: Handbuch des Patentrechts S. 248. Seligsohn: Patentgesetz § 3 Note 2. Isay: Patentgesetz § 3 Anm. 7 fg.

erfolgte Offenbarung gibt auf Patenterteilung Anspruch. Wer seine Erfindung, unter Umgehung der patenterteilenden Behörde, selbst an die Öffentlichkeit bringt, kann ein Patent dafür nicht beanspruchen. Die Erteilung eines Patents kann nur auf Grund eines gesetzlich geordneten Verfahrens erfolgen, weil sie eine Prüfung auf Patentfähigkeit voraussetzt. Die Selbstveröffentlichung des Erfinders, sollte sie auch unter Vorbehalt des Anspruchs auf Patenterteilung erfolgt sein, begründet daher nicht nur keinen Anspruch auf Patenterteilung, sondern sie entkleidet sogar, wenn sie druckschriftlich oder durch offenkundige Vorbenutzung geschieht, die Erfindung ihrer Neuheit. Sie macht die Erfindung zum Gemeingut und bewirkt, daß diese mit Aussicht auf Erfolg zum Patente nicht mehr angemeldet werden kann. Ebenso wie sie der Erteilung eines Patents an einen anderen Erfinder hindernd entgegensteht, so steht sie auch dem Erfinder, der die Veröffentlichung veranlaßt hat, entgegen.

Die Anmeldung ist der erste Schritt zur Erlangung des Patents. Der Erfinder, welcher die Erteilung eines Patents für seine Erfindung beantragt, will nicht nur „empfangen", sondern er „gibt" etwas. Indem er die Erteilung des Patents beantragt, offenbart er dem Patentamte zugleich seine Erfindung. Erhält er das Patent, so wird das vom Erfinder geschaffene neue Geistesgut der Allgemeinheit kundgegeben. Dieses Geistesgut ist gewerblich verwertbar, seine Kundgebung kommt also dem Gewerbe zugute. Die darin liegende Förderung des Gewerbes ist allerdings zunächst nur eine beschränkte, insofern der allgemeinen Benutzung der Erfindung für gewisse Zeit noch das Patent entgegensteht. Nach dessen Ablauf wird aber die Erfindung zum Gemeingut, und sogar während der Dauer des Patents kann die Erfindung schon dadurch, daß sie das Verständnis fördert und für weitere Erfindungen den Boden bereitet, dem Gewerbe dienen.

Mit der Anmeldung unterwirft sich der Erfinder[49]) den für das Patenterteilungsverfahren geltenden gesetzlichen Bestimmungen, die eine Prüfung der Erfindung und des Anspruchs auf Patenterteilung vorschreiben.

[49]) Vgl. Note 6.

Da der Erteilung des Patents eine Prüfung vorausgehen muß, so hat die Anmeldung der Erfindung die Erteilung des Patents nicht sofort zur Folge. Dem entspricht es, daß auch seitens des Patentamts die Erfindung nicht sofort zur allgemeinen Kenntnis gebracht wird. Denn wenn der Erfinder das Patent nicht erhält, so hat auch die Allgemeinheit ihrerseits auf Bereicherung keinen Anspruch. Erfolgt die Erteilung des Patents überhaupt nicht, weil die gesetzlichen Voraussetzungen für seine Erteilung nicht gegeben sind, so unterbleibt auch die Preisgabe der Erfindung an die Allgemeinheit.

Ist hiernach die Anmeldung selbst noch keine Kundgebung der Erfindung an die Allgemeinheit und die Leistung des Erfinders folglich mit ihr noch nicht vollzogen, so bildet sie doch die vom Erfinder gelegte Grundlage für diese Leistung. Es liegt nicht am Erfinder, daß nicht im unmittelbaren Anschlusse an die Anmeldung seine Erfindung veröffentlicht und ihm das Patent erteilt wird. Nur die nach dem Gesetze gebotene Prüfung schließt dies aus. Es entspricht folglich der Gerechtigkeit, daß als Zeitpunkt der Leistung der Tag der Anmeldung, nicht aber ein von der kürzeren oder längeren Prüfung abhängiger späterer Zeitpunkt gilt.

Die Prüfung der Anmeldung ist also zunächst eine geheime, und erst wenn die geheime Prüfung ergibt, daß die Erteilung eines Patents nicht ausgeschlossen ist, erfolgt die Bekanntmachung der Anmeldung, nach welcher dann noch eine weitere Prüfung stattfindet, an der auch die Allgemeinheit beteiligt ist. Die Bekanntmachung geschieht in der Weise, daß der Name des Patentsuchers und der wesentliche Inhalt des in seiner Anmeldung enthaltenen Antrages durch den Reichsanzeiger einmal veröffentlicht wird; gleichzeitig ist die Anmeldung bei dem Patentamte zur Einsicht für jedermann auszulegen (§ 23 des PG.). Dieser Bekanntgabe der Anmeldung an die Allgemeinheit entspricht es, daß gleichzeitig für den Gegenstand der Anmeldung zugunsten des Patentsuchers einstweilen die gesetzlichen Wirkungen des Patents eintreten (§ 23 Abs. 1 des PG.). Denn es würde dem gesetzlich anerkannten Anspruche des Patentsuchers auf Patenterteilung widersprechen, wenn andere die lediglich zum Zwecke der

Patenterteilung erfolgte Bekanntmachung der Anmeldung dazu mißbrauchen könnten, die Erfindung für eigennützige Zwecke gewerblich zu verwerten. Nicht um die Allgemeinheit zu bereichern, sondern um die Allgemeinheit an der Prüfung zu beteiligen, erfolgt die Bekanntmachung der Anmeldung. Die Bekanntmachung hat an und für sich auch nicht die Wirkung, daß dadurch die Neuheit der Erfindung im Sinne des § 2 des PG. zerstört wird. Denn die Veröffentlichung im Reichsanzeiger hat die Erfindung selbst nicht zum Gegenstande. Sie beschränkt sich auf dasjenige, was erforderlich ist, um jedermann in die Lage zu versetzen, durch Einsicht der ausgelegten Anmeldung nebst ihren Beilagen von der Erfindung Kenntnis zu nehmen.[50]) Die Veröffentlichung der Erfindung im Reichsanzeiger ist also keine druckschriftliche Veröffentlichung der Erfindung, ebensowenig wie die Auslegung der Anmeldung nebst Beilagen eine druckschriftliche Veröffentlichung oder eine offenkundige Benutzung der Erfindung ist. Erst im Anschluß an den Akt der Patenterteilung wird die Erfindung von der patenterteilenden Behörde druckschriftlich veröffentlicht (vgl. § 19 Abs. 4 des PG.) und damit, vorbehaltlich des erteilten Patents, das die freie Benutzung zunächst noch für eine gewisse Zeit ausschließt, zum Gemeingut gemacht.

Da die Prüfung der Anmeldung zunächst eine geheime ist, und da die Neuheit der Erfindung auch durch die Bekanntmachung der Anmeldung nicht zerstört wird, so ist es dem Erfinder unbenommen, auch nach der Bekanntmachung noch seine Anmeldung zurückzunehmen und dieselbe Erfindung von neuem anzumelden, ohne daß ihm für die neue Anmeldung die erfolgte Bekanntmachung patenthindernd entgegensteht. Denn die Bekanntmachung erfolgte nur zu dem Zweck, die Allgemeinheit an der Prüfung zu beteiligen, nicht aber, um damit die Erfindung zum Gemeingut zu machen. Durch die gesetzlich zulässige[51]) Zurücknahme der Anmeldung ist das Verfahren erledigt, ohne zu einem positiven Erfolge geführt zu haben. Der Erfinder hat seine eigene Leistung zurückgenommen und hat infolgedessen auch die beanspruchte Gegenleistung nicht erhalten. Es steht dem Erfinder

[50]) Vgl. Gew. Rechtsschutz u. Urh. 1908 S. 118 Anm. 1.

[51]) Vgl. z. B. § 27 Abs. 2 des PG.

dann frei, die eigene Leistung zu erneuern und dadurch einen neuen Anspruch auf Patenterteilung zu erwerben. In gleicher Weise kann der Erfinder auch eine zurückgewiesene Anmeldung erneuern. Hat allerdings die Bekanntmachung der Anmeldung im besonderen Falle dazu geführt, daß jemand, der durch Einsicht in die ausgelegten Unterlagen von der Erfindung Kenntnis erlangte, diese Kenntnis dazu benutzt hat, die Erfindung selbst druckschriftlich bekannt zu machen oder, wenn auch unberechtigt, offenkundig zu benutzen, so ist damit die Neuheit der Erfindung zerstört und zwar mit dem Zeitpunkte der druckschriftlichen Veröffentlichung oder der offenkundigen Benutzung. Einer nach diesem Zeitpunkte erfolgten Neuanmeldung, und zwar der Anmeldung desselben Erfinders wie jeder andern Anmeldung, steht also die druckschriftliche Veröffentlichung oder offenkundige Benutzung patenthindernd entgegen. —

Läßt der Erfinder seine Geistesschöpfung der Gesamtheit nicht zugute kommen, so liegt auch kein Grund vor, ihm für die Erfindung ein Patent zu erteilen. Es entspricht also der Gerechtigkeit, daß, wenn ein Erfinder eine Geistesschöpfung geheim hält, nicht er, sondern ein zweiter Erfinder, der nach ihm die gleiche Erfindung gemacht und diese Erfindung im Wege der Anmeldung kundgegeben hat, auf Patenterteilung Anspruch hat. Der erste Erfinder hat nichts getan, um einen solchen Anspruch zu verdienen. Er ist durch den zweiten Erfinder auch nicht im Urheberrechte verletzt, denn der zweite Erfinder hat zwar die gleiche Erfindung, aber doch nicht diejenige des ersten, sondern seine eigene Erfindung zum Patente angemeldet. Würde nach ihm nun auch der erste Erfinder die Erfindung anmelden, so würde dieser damit keinen Anspruch auf Patenterteilung erwerben. Denn die Leistung, die schon ein anderer vor ihm gebracht hat, kann er nicht nochmals bringen, und da er selbst nichts leistet, so hat er auch keinen Anspruch auf Gegenleistung. Wird die erste Anmeldung erledigt, ohne daß es zur Erteilung eines Patents kommt, so hat nunmehr der zweite Anmelder Anspruch auf Erteilung eines Patents, vorausgesetzt, daß die Erfindung zur Zeit der zweiten Anmeldung im Sinne des Gesetzes noch neu war. Denn die erste Anmeldung, die nicht den Erfolg gehabt hat, daß die Erfindung Gemeingut geworden ist, gilt als vollständig beseitigt. Damit ist der zweite Anmelder an die erste Stelle gerückt und er hat als nunmehriger Erstanmelder auf Patenterteilung Anspruch. Die infolge der Patenterteilung auf seine Anmeldung eintretende Bereicherung des Wissens und Könnens der Allgemeinheit ist die Folge s e i n e r Anmeldung, nicht die Folge der ohne Patenterteilung erledigten vorausgegangenen Anmeldung.

Ist indessen auf die erste Anmeldung ein Patent erteilt, so ist der zweite Anmelder, mag er auch der erste Erfinder sein, vom Anspruche auf Patenterteilung endgültig ausgeschlossen, und zwar auch dann, wenn dieses Patent alsbald wieder wegfällt.[52]) Denn durch die Erteilung des Patents als Gegenleistung auf die Leistung des ersten Anmelders hat die Allgemeinheit ihrer Leistungspflicht genügt und kann nunmehr, vorbehaltlich des erteilten Patents, die Erfindung als Gemeingut beanspruchen. Daß das Patent alsbald wieder erloschen ist, ändert hieran nichts und kann die Allgemeinheit nicht verpflichten, auch noch dem zweiten Anmelder, der nichts zu geben vermag, weil die Allgemeinheit das, was er geben möchte, bereits vom ersten Anmelder empfangen hat, ein Patent zu erteilen. Was die Allgemeinheit bereits erworben hat, braucht sie nicht durch das Opfer eines neuen Patentes vom zweiten Anmelder zu erkaufen. Die Patenterteilung auf die erste Anmeldung schadet also dem zweiten Anmelder auch dann, wenn letzterer bereits vor der Patenterteilung seine Anmeldung eingereicht hatte. Denn mit der Patenterteilung auf die erste Anmeldung sind alle späteren Anträge auf Patenterteilung gegenstandslos geworden. Dagegen schadet ein Wegfall der Neuheit dem zweiten Anmelder nicht, falls dieser Wegfall erst nach der zweiten Anmeldung eingetreten ist. Denn durch das Ausscheiden des ersten Anmelders ist der zweite Anmelder zum Erstanmelder geworden und hat mit seiner Anmeldung den Anspruch auf Patenterteilung erworben. Für diesen Anspruch ist, wie bereits früher ausgeführt wurde, der Zeit-

---

[52]) Vgl. die Entsch. d. Reichsgerichts im Bl. f. P. M. u. Zw. 1900 S. 148 fg.; Kohler: Handbuch d. Patentrechts S. 279; Lutter: Patentgesetz § 3 Note 2; Seligsohn: Patentgesetz § 3 Note 13. A. M.; Allfeld: Patentgesetz S. 62 und die dort Zitierten.

punkt der Anmeldung maßgebend. Der damit erworbene Anspruch kann also durch spätere, an und für sich neuheitsschädliche Ereignisse, nicht mehr beseitigt werden.

Wie von uns im ersten Teil (Abschnitt b) bereits ausgeführt wurde, ist die Erfindung eine Geistesschöpfung, die bei ihrer Ausführung in verschiedenen Formen in die Erscheinung treten kann. Ein erteiltes Patent steht daher der Patenterteilung auf eine spätere Anmeldung auch dann entgegen, wenn die Erfindung des späteren Anmelders für ihre Ausführung zwar andere Mittel vorsieht, diese Mittel aber denen des früheren Anmelders äquivalent sind. Denn für die Frage der Identität der Erfindung kommt es nicht auf die Form, sondern auf das Wesen an.

Da indessen in einem Patent durch den vom Patentsucher aufgestellten und amtsseitig genehmigten Patentanspruch (oder eine Mehrheit von Ansprüchen) zum Ausdruck kommt, was dem Patentinhaber durch das Patent geschützt wird und dieser Anspruch, wenn er auch vielleicht den Schutz nicht geradezu abgrenzt,[53]) doch jedenfalls den Gegenstand des erteilten Schutzes kennzeichnet, so liegt die Möglichkeit vor, daß der Schutzbereich des Patents sich nicht so weit erstreckt, als es die in der Beschreibung dargestellte Erfindung an und für sich gestattet hätte. Diese Beschränkung kann auch auf dem Willen des Patentsuchers selbst beruhen, der mit Rücksicht auf seine gewerblichen Verhältnisse nur einen beschränkten Schutz begehrte, weil er an einer weiteren Erstreckung kein Interesse hatte. Liegt ein solcher Fall vor, so bleibt für einen späteren Anmelder noch Raum übrig. Der spätere Anmelder kann dann für seine gleiche Erfindung den frei gebliebenen Raum in Anspruch nehmen und ein hierauf beschränktes Patent erwerben, vorausgesetzt, daß die Erfindung auch zur Zeit seiner Anmeldung noch gesetzlich neu, insbesondere also, daß die Patentschrift des älteren Patents noch nicht vorveröffentlicht war.

Möglich ist es auch, daß die Erfindung des späteren Anmelders zwar von dem gleichen Grundgedanken wie diejenige des früheren Anmelders ausgeht, diesen Grundgedanken aber in ganz

[53]) Vgl. indessen Gleichen im Gew. Rechtsschutz u. Urh. 1908. S. 138—139.

anderer Richtung nutzbar macht, so daß an und für sich zwei verschiedene Erfindungen vorliegen. War in einem solchen Falle das Ergebnis, zu welchem der zweite Anmelder gelangt ist, für einen mit dem Grundgedanken bekannt gewordenen Sachverständigen ohne weiteres gegeben, so liegt in der Person des zweiten Anmelders eine patentfähige Erfindung zwar dann nicht vor, wenn dieser Grundgedanke zur Zeit der zweiten Anmeldung im Sinne des Gesetzes nicht mehr neu war. War aber der Grundgedanke zur Zeit der zweiten Anmeldung noch neu, so liegt kein gesetzlicher Grund vor, dem zweiten Anmelder das Patent zu versagen.[54]) Die Erteilung des Patents hat dann allerdings zur Folge, daß die Allgemeinheit in ihrer Aktionsfreiheit für einen Gegenstand beschränkt ist, der, als jedem Sachverständigen zugänglich, ohne die Patenterteilung an den zweiten Anmelder, aus der Hand des ersten Erfinders sofort Gemeingut geworden wäre. Die Beeinträchtigung, welche hier die Allgemeinheit erfährt, ist jedoch keine ungerechtfertigte. Denn die Beeinträchtigung beruht nicht darauf, daß dem zweiten Anmelder etwa ohne gerechtfertigten Grund ein Patent erteilt ist, sondern darauf, daß der erste Anmelder unterlassen hatte, dem seiner Erfindung zugrunde liegenden Gedanken diejenige Tragweite zu geben, die er ihm hätte geben können. Der zweite Anmelder hat hier lediglich das vom ersten Anmelder frei gelassene Terrain besetzt, ehe dieses Terrain Gemeingut geworden war, wie ja auch der erste Anmelder selbst durch eine neue Anmeldung noch nachträglich das Terrain hätte besetzen können. Das frei gebliebene Terrain wäre ja auch dann nicht Gemeingut geworden, wenn etwa der erste Anmelder seine Anmeldung zurückgezogen hätte. Der zweite Anmelder kann beanspruchen, daß der Prüfung seiner Erfindung auf Patentfähigkeit der Zeitpunkt der Anmeldung zugrunde gelegt wird. Zur Zeit der Anmeldung war aber seine Geistesschöpfung, auch objektiv betrachtet, eine eigenartige, also eine wirkliche Schöpfung, und als solche patentfähig.

Werden gleichzeitig zwei Anmeldungen auf die gleiche Er-

[54]) Vgl. namentlich Patentamt im Bl. f. P. M. u. Zw. 1907 S. 175; ferner Reichsgericht ebendas. 1910 S. 187 fg.; Heinemann: Mitt. d. Verb. d. Patentanwälte 1910 S. 107.

findung eingereicht, die sich beide als gerechtfertigt erweisen, — ein Fall, der namentlich durch den Unionsvertrag praktische Bedeutung erlangt hat, — so kann die patenterteilende Behörde ihrer Pflicht zur Patenterteilung nur in der Weise genügen, daß sie auf jede Anmeldung ein besonderes Patent erteilt. Damit werden zwei Patente erteilt, von denen eins so gültig ist wie das andere. Sache der Inhaber ist es dann, sich miteinander abzufinden. —

Kommt es nach unseren Ausführungen für die Erteilung des Patentschutzes auf die Anmeldung der Erfindung an, weil eine geheim gehaltene Erfindung das Gewerbe nicht fördert, so folgt doch daraus nicht, daß schon die bloße Anmeldung auch ohne Recht an der Geistesschöpfung den Anspruch auf Patenterteilung begründet. Es würde mit der modernen Rechtsauffassung, die ein geistiges Urheberrecht sogar auf künstlerischem Gebiete anerkennt, durchaus im Widerspruch stehen, wenn technische Erfindungen als herrenloses Gut angesehen würden, für die sich ein jeder, der von ihnen Kenntnis erlangt, durch Anmeldung ein Patent verschaffen könnte.

Die Bestimmung des Patentgesetzes, daß der Anspruch auf Patenterteilung dem ersten Anmelder zusteht (§ 3 Abs. 1 des PG.), hat daher nicht die Bedeutung, daß für die Anmeldung einer Erfindung eine Konkurrenz aller, die von der Erfindung Kenntnis haben, eröffnet ist, bei welcher derjenige den Sieg davonträgt, welcher allen andern zuvorkommt; sondern diese Bestimmung findet die gebotene Einschränkung durch den weiteren Satz, daß ein Anspruch des Patentsuchers auf Erteilung des Patents nicht stattfindet, wenn der wesentliche Inhalt seiner Anmeldung den Beschreibungen usw. eines andern ohne dessen Einwilligung entnommen und von dem letzteren aus diesem Grunde Einspruch erhoben ist (§ 3 Abs. 2).

Der Satz, daß dem ersten Anmelder ein Anspruch auf Patenterteilung zusteht, gilt daher nur insoweit, als dem Anmelder kein anderer gegenübertritt, der ihm sein Recht unter dem Gesichtspunkte der Entnahme streitig macht; er gilt nur für die amtliche Prüfung.[55]) Der Gesetzgeber hat dem Patentamte die Prüfung

[55]) Vgl. Gew. Rechtsschutz u. Urh. 1907 S. 215 fg.

von Amts wegen, wer der Berechtigte ist, ersparen wollen und es den Beteiligten überlassen, selbst ihre Rechte auf dem dafür vorgeschriebenen Wege des Einspruchs geltend zu machen. Auf dem Gebiete des Privatrechts, das hier berührt wird, bildet es ja auch die Regel, daß der Berechtigte seine Rechte selbst wahrnehmen muß. Die gesetzlich vorgeschriebene Bekanntmachung der Anmeldung bildet nach dieser Richtung hin eine Art Aufgebot, welches diejenigen, die ein Recht auf die angemeldete Erfindung beanspruchen, verpflichtet, innerhalb der vorgeschriebenen Einspruchsfrist sich zu melden und ihre Rechte geltend zu machen. Wer sich nicht meldet, ist zwar mit seinem Rechte nicht endgültig ausgeschlossen, aber er erleidet doch zunächst den Nachteil, daß sein nicht ordnungsmäßig geltend gemachtes Recht bei der Patenterteilung keine Berücksichtigung findet. Es bleibt ihm dann überlassen, dem erteilten Patente gegenüber sein Recht im Wege der Nichtigkeitsklage geltend zu machen, und dadurch dem materiellen Rechte, wonach ein Unberechtigter keinen Anspruch auf Patenterteilung hat, zum Siege zu verhelfen.

Der Grundsatz, daß durch eine unberechtigte Anmeldung kein Anspruch auf Patenterteilung erworben wird, betrifft also nur das materielle Recht. Dieses materielle Recht findet beim Patentamte nur dann Berücksichtigung, wenn der durch die Anmeldung in seinem Rechte Verletzte das Patentamt mit der begangenen Rechtsverletzung befaßt. Wird die begangene Rechtsverletzung nicht geltend gemacht, so m u ß das Patentamt dem materiell unberechtigten Anmelder das Patent erteilen. Das erteilte Patent ist dann zwar mit dem Mangel der Nichtigkeit behaftet. Diese Nichtigkeit kann aber nur vom Verletzten und auch von diesem nur auf dem vorgeschriebenen Wege geltend gemacht werden. Die Interessen der Allgemeinheit sind durch die begangene Rechtsverletzung nicht berührt. Die Allgemeinheit hat durch die unberechtigte Anmeldung gerade so gut eine Förderung erfahren, als ob die Anmeldung vom Berechtigten selbst ausgegangen wäre. Denn die Erfindung ist, vorbehaltlich des erteilten Patents, Gemeingut geworden. Die darin liegende Bereicherung der Allgemeinheit ist vollzogene Tatsache und wird nicht mehr rückgängig gemacht. Es ist vielmehr nur der Akt der Patenterteilung rückgängig zu machen, und die Rückgängigmachung der Patenterteilung bringt dem Gewerbe nur den weiteren Vorteil, daß sie auch noch die Beschränkung beseitigt, mit der die Erfindung zunächst erst Gemeingut geworden war. Es wäre hiernach materielles Unrecht, wenn die Allgemeinheit oder jedes beliebige Glied der Allgemeinheit berufen wäre, die Patenterteilung rückgängig zu machen. Denn die Allgemeinheit, die in den vollen Genuß der Leistung gelangt ist, hat keinen gerechten Grund, sich der ihr dafür obliegenden Gegenleistung zu entziehen. Es würde aber auch geltenden Rechtsgrundsätzen widersprechen, wenn jemand sich auf eine nicht gegen ihn, sondern gegen einen andern begangene, für ihn also fremde Rechtsverletzung berufen und daraus Rechte für sich ableiten könnte.

Dies führt zu dem Ergebnisse, daß auch durch eine materiell unberechtigte Anmeldung ein formales Recht auf Patenterteilung und ein formal gültiges Patent erlangt wird, dessen materielle Ungültigkeit (Nichtigkeit) nur von dem in seinem materiellen Rechte Verletzten und zwar auf dem dafür gesetzlich vorgeschriebenen Wege geltend gemacht werden kann. Über diese Rechtsverletzung und deren Beseitigung ist in einem späteren Abschnitte zu handeln.

---

b) Das Urheberrecht des Erfinders.

Wie im vorhergehenden Abschnitte bereits ausgeführt wurde, wird der Anspruch auf Patenterteilung durch die bloße Tatsache, daß eine Erfindung gemacht ist, noch nicht begründet. Wer seine Erfindung geheim hält, fördert das Gewerbe nicht. Wer aber das Gewerbe nicht fördert, hat auch auf Patenterteilung keinen Anspruch. Es entspricht hiernach der Gerechtigkeit, daß ein zweiter Erfinder, der, unabhängig vom ersten, die gleiche Erfindung gemacht hat und diese Erfindung anmeldet, den Anspruch auf Patenterteilung erwirbt und damit den ersten Erfinder, der seine Erfindung für sich behalten hat, ausschließt.

Vor der Anmeldung der Erfindung bzw. vor der Patenterteilung hat also der Erfinder an der Erfindung als solcher kein Recht. Ein solches Recht kann der Erfinder auf Grund seiner

Urheberschaft auch gar nicht beanspruchen. Denn diese Urheberschaft schließt nicht aus, daß nicht auch ein anderer Erfinder aus eigener Kraft das gleiche schaffen könnte. Nur an seiner eigenen Geistesschöpfung,[56]) nicht an der Erfindung als solcher, hat der Erfinder ein Recht.[57]) In diesem Rechte wird der erste Erfinder durch die Anmeldung des zweiten Erfinders nicht verletzt, denn der zweite Erfinder hat nicht die Geistesschöpfung des ersten, sondern seine eigene Geistesschöpfung angemeldet.

Die rechtliche Anerkennung des Urheberrechts des Erfinders würde daher an und für sich zu keiner weiteren Konsequenz führen, als daß der Erfinder die Benutzung der Erfindung denjenigen untersagen könnte, deren Kenntnis von der Erfindung auf seine Person zurückzuführen ist. Eine gesetzliche Regelung in diesem Sinne ist jedoch praktisch unmöglich. Denn es muß bei der technischen Erfindung mit der Tatsache gerechnet werden, daß mehrere Personen, unabhängig voneinander, die gleiche Erfindung machen. Haben aber mehrere Personen die gleiche technische Erfindung gemacht und teilen diese Personen, eine jede für sich, ihre Erfindung andern Personen mit, so wird bei weiterer Verbreitung der Kenntnis schließlich nicht mehr festzustellen sein, auf welche von den verschiedenen Quellen die Kenntnis der Erfindung im einzelnen Falle zurückzuführen ist.

Der Gesetzgeber hat daher eine andere Regelung getroffen.

---

[56]) Will man den Ausdruck Schöpfung in dem hier gebrauchten Sinne nicht akzeptieren und folgern, daß der Erfinder nicht an der Schöpfung, sondern an dem Ergebnisse dieser Schöpfung, nämlich der Erfindung ein natürliches Recht habe, so bildet doch den Gegenstand dieses Rechts nicht die Erfindung schlechthin, sondern nur die Erfindung, insoweit sie die Schöpfung des Erfinders ist.

[57]) Der gleiche Unterschied würde auch auf dem Gebiete des literarischen oder künstlerischen Urheberrechts zur Geltung kommen, wenn nicht die Möglichkeit, daß mehrere unabhängig voneinander das gleiche literarische Erzeugnis oder das gleiche Kunstwerk hervorbringen, praktisch so gut wie bedeutungslos wäre. Denn bei diesen Werken ist auch die Form wesentlich, und die Form in ihrer Mannigfaltigkeit schließt es regelmäßig aus, daß identische Werke entstehen. Bei Erfindungen hingegen ist es nur der Gedanke und nicht seine Ausdrucksform, der das Wesen der Erfindung ausmacht. Dieser Gedanke kann aber sehr leicht in verschiedenen Personen zur Entstehung kommen.

Er hat dem Erfinder, der seine Geistesschöpfung durch Anmeldung kundgibt, Anspruch auf ein Patent gegeben. Mit der Erteilung des Patents erlangt der Erfinder das Recht auf ausschließliche gewerbliche Benutzung der Erfindung als solche, also das Recht, nicht nur diejenigen, die ihre Kenntnis der Erfindung von ihm selbst ableiten, sondern auch alle diejenigen, die selbständig die gleiche Erfindung gemacht haben, nebst ihrer Gefolgschaft von der gewerblichen Benutzung der Erfindung auszuschließen.[58]) Ein solches Recht, durch welches der Erfinder über die Grenzen seiner Urheberschaft hinaus Schutz erlangt, muß der Erfinder durch Anmeldung besonders erwerben. Er erhält es als Entgelt dafür, daß er seine Geistesschöpfung, anstatt sie unter Geheimhaltung lediglich für seinen eigenen Vorteil auszunutzen, dem Gewerbe in seiner Gesamtheit zugute kommen läßt.

Nach der vom Gesetzgeber getroffenen Regelung hat also der Akt der Patenterteilung nicht etwa bloß die Bedeutung, als ob damit, in Konsequenz des Urheberrechts, ein bereits bestehendes Recht des Patentinhabers an der Erfindung im objektiven Sinne anerkannt wäre. Die Patenterteilung ist vielmehr erst die Folge der (berechtigten) Anmeldung, nicht die Konsequenz des Urheberrechts, wenn auch in letzterem wurzelnd. Wäre es anders, so müßte, wie nach amerikanischem Patentrecht,[59]) das Urheberrecht des ersten Erfinders anerkannt werden, der allen späteren Erfindern vorgehen würde, und dessen Recht auf Patenterteilung durch den später eintretenden Wegfall der Neuheit, grundsätzlich wenigstens, nicht beseitigt würde.

Erhält hiernach einerseits derjenige Erfinder, der seine Geistesschöpfung anmeldet, mit dem Patente ein über die Konsequenz des Urheberrechts hinausgehendes Recht, so hat andrer-

[58]) Eine Ausnahme ist hier aus Billigkeitsgründen für diejenigen gemacht, die zur Zeit der Anmeldung bereits im Inlande die Erfindung in Benutzung genommen oder die zur Benutzung erforderlichen Veranstaltungen getroffen hatten. Diese Personen sind befugt, die Erfindung für die Bedürfnisse ihres eigenen Betriebes in eigenen oder fremden Werkstätten auszunutzen. Ihre Befugnis kann indessen nur zusammen mit dem Betriebe vererbt oder veräußert werden (§ 5 Abs. 1 des PG.).

[59]) Vgl. Abschnitt 4886 u. 4887 des amerikanischen Patentgesetzes.

seits derjenige Erfinder, der seine Geistesschöpfung zum Patente anzumelden unterläßt, nicht einmal das seiner Urheberschaft eigentlich entsprechende Recht, andern Benutzern, welche die Kenntnis von der Erfindung aus seiner Quelle geschöpft haben, die gewerbsmäßige Benutzung zu verbieten, es sei denn, daß er sich hierfür auf die später zu erörternden besonderen Rechtsgründe berufen könnte. Daß ein solches Recht gegenüber einem erteilten Patente nicht besteht, folgt schon ohne weiteres aus der Ausschließlichkeit des dem Patentinhaber erteilten Rechts, wie denn ja in diesem Falle der Erfinder, welcher nicht Patentinhaber ist, sogar von der gewerblichen Benutzung seiner eigenen Geistesschöpfung ausgeschlossen ist. Der Erfinder hat aber als solcher auch dann kein ausschließliches Recht auf Benutzung seiner Geistesschöpfung, wenn ihm ein Patent nicht entgegensteht. Denn der Erfinder hat kein weiteres Urheberrecht, als ihm vom Gesetze zuerkannt ist. Ein allgemeines Recht des Erfinders auf ausschließliche Benutzung seiner Geistesschöpfung ist vom Gesetz aber nicht anerkannt.

Indessen folgt daraus, daß der Erfinder[60]) einen Anspruch auf Patenterteilung erst durch die Anmeldung als Entgelt für die Kundgebung seiner Erfindung erwirbt, nicht, daß der Erfinder vor der Anmeldung gänzlich schutzlos wäre.[61]) Wie von uns bereits ausgeführt wurde, ist für die Anmeldung von Erfindungen keine allgemeine Konkurrenz aller, die von der Erfindung Kenntnis haben, eröffnet. Nur der Erfinder, oder wer ihm gleichsteht, ist nach materiellem Rechte zur Anmeldung berechtigt. Wer ohne Recht eine fremde Geistesschöpfung zum Patentamte anmeldet, verletzt das Recht des Urhebers der Geistesschöpfung. Gegen eine solche Rechtsverletzung wird der Erfinder, wie im nächsten Abschnitte zu erörtern ist, durch das Patentgesetz geschützt.

Ein weiterer Schutz in diesem Rechte wird dem Erfinder

---

[60]) Vgl. Note 6.

[61]) Vgl. Kohler: Lehrbuch d. Patentrechts S. 84 fg. u. S. *227*; Reichsgericht im Bl. f. P. M. u. Zw. 1900 S. 174 fg.; Kent: Patentgesetz § 1 Note *232* u. *237*; Isay: Patentgesetz S. 87 fg.; Seligsohn: Patentgesetz § 3 Note 4; Isay: Patentgesetz: Anhang zu §§ 1 u. 2 Anm. 21 fg.

nach bürgerlichem Rechte zuteil. Die widerrechtliche Anmeldung einer fremden Geistesschöpfung ist eine unerlaubte Handlung. Sie verletzt das Recht des Erfinders auf Anmeldung seiner Geistesschöpfung und verpflichtet den Verletzer gemäß § 823 des BGB. zum Ersatze des daraus entstehenden Schadens.

Die gleiche Schadensersatzpflicht tritt dann ein, wenn jemand in einer gegen die guten Sitten verstoßenden Weise einem andern vorsätzlich Schaden zufügt (§ 826 des BGB.). Unter diesem Gesichtspunkte kann eine Schadensersatzpflicht desjenigen begründet sein, der lediglich in der Absicht, dem Erfinder zu schaden, dessen Recht auf Anmeldung seiner Geistesschöpfung dadurch gegenstandslos macht, daß er die ihm bekannt gewordene Erfindung druckschriftlich veröffentlicht oder offenkundig benutzt.

Liegt eine Absicht, dem Erfinder zu schaden, zwar nicht vor, erfolgt aber die druckschriftliche Veröffentlichung oder die offenkundige Benutzung der Erfindung unter Bruch einer Verpflichtung zur Geheimhaltung, so ist der Kontraktbrüchige dem Erfinder nach Vertragsgrundsätzen zum Schadensersatz verpflichtet. Daß die Verpflichtung zur Geheimhaltung besonders übernommen wurde, ist nicht erforderlich. Eine solche Pflicht kann auch schon in bestehenden Kontraktsverhältnissen, z. B. im Verhältnis des Angestellten zum Dienstherrn, begründet sein.

Gegen eine druckschriftliche Veröffentlichung oder offenkundige Benutzung, die ohne Verletzung einer Pflicht zur Geheimhaltung oder ohne Verstoß gegen die guten Sitten erfolgt ist, ist der Erfinder nicht geschützt. Erfinder, die infolge hiervon in ihrem Rechte auf Anmeldung geschädigt werden, haben sich diese Folge selbst zuzuschreiben. Denn ein Erfinder, der es unterläßt, seine Geistesschöpfung alsbald zum Patente anzumelden, läuft immer Gefahr, seines Rechts verlustig zu gehen.

Auch das Gesetz gegen den unlauteren Wettbewerb vom 7. Juni 1909 enthält eine Reihe von Vorschriften, die unter Umständen zum Schutze des Erfinders geeignet sind. (Vgl. §§ 1, 12, 13^2, 17, 18, 19 u. 20.)

Abgesehen von dem Urheberrechte des Erfinders bildet schon die bloße Kenntnis einer gewerblich verwertbaren Erfindung eine Tatsache, die sich vermögensrechtlich ausnutzen läßt, und auch in dieser Richtung ist es in erster Linie der Erfinder, der die Tatsache seiner Kenntnis von der Erfindung nutzbar machen kann. Der Erfinder kann die geheim gehaltene Erfindung bestimmten Personen zur Ausnutzung mitteilen und sich für diese Mitteilung kontraktlich eine Gegenleistung ausbedingen. Eine Mitteilung ferner, die unter Auferlegung der Pflicht zur Geheimhaltung zu bestimmten Zwecken erfolgt ist, z. B. um die Erfindung auf ihre Ausführbarkeit zu prüfen, berechtigt den Gegenkontrahenten nicht, die Erfindung über diese Zwecke hinaus zu benutzen. Es verstößt in diesem Falle gegen die übernommene Vertragspflicht, und, falls es zum Abschlusse eines besonderen Vertrages nicht gekommen ist, unter Umständen gegen die guten Sitten, wenn eine vertraulich zu bestimmtem Zwecke erfolgte Mitteilung über diesen Zweck hinaus eigennützig verwertet wird.

Außer nach dem Patentgesetze kann der Erfinder unter Umständen auch nach dem Gebrauchsmustergesetze vom 1. Juni 1891 für seine Erfindung Schutz erlangen.

Dem Erfinder steht für seine Person auch das Recht zu, Anerkennung seiner Erfinderschaft zu verlangen, wenn ihm diese streitig gemacht wird.[62])

Abgesehen von den erwähnten allgemeinen Schutzvorschriften erschöpft sich nach deutschem Recht das Erfinderrecht vor der Anmeldung, insoweit es einen positiven Inhalt hat, im wesentlichen darin, daß dem Erfinder das Recht auf Anmeldung seiner Geistesschöpfung (zum Patent oder als Gebrauchsmuster) zusteht. Dieses Recht steht dem Erfinder[63]) ausschließlich zu. Denn wenn das Patentgesetz in § 3 einem jeden Anmelder den Anspruch auf Patenterteilung gibt, so ist damit nicht ein Recht, das jedermann zusteht, anerkannt, sondern es ist damit nur zum Ausdruck gebracht, daß das Recht auf Anmeldung nicht von Amts wegen geprüft wird.[64]) In Ermangelung einer solchen Prüfung ist zwar für jedermann die Möglichkeit eröffnet, auch ohne Recht durch Anmeldung ein Patent zu erlangen, nicht aber ein allgemeines Recht auf Anmeldung gesetzlich festgelegt.

---

[62]) Vgl. Kohler: Lehrbuch des Patentrechts S. 228.
[63]) Vgl. Note 6.
[64]) Vgl. Abschnitt a.

Für das Erfinderrecht ist aber weiter zu beachten, daß Erfindungen bei ihrer internationalen Bedeutung nicht nur im Heimatsstaate des Erfinders, sondern in fast allen Kulturstaaten Rechtsschutz genießen. Deutsche Erfinder sind daher auf den Schutz, den sie in Deutschland genießen, nicht beschränkt, sondern sie werden auch im Auslande geschützt, ebenso wie ausländischen Erfindern nicht nur in ihrem Heimatsstaate, sondern auch in anderen Staaten, und namentlich auch in Deutschland, der Erfinderschutz zuteil wird. Wie der Erfinderschutz in den andern Kulturstaaten geregelt ist und auch den deutschen Erfindern zugute kommt, kann hier nicht weiter betrachtet werden.

---

c) Der Schutz des Erfinders gegen Entnahme nach dem Patentgesetz.

Nur der Erfinder oder wer ihm gleichsteht[65]) ist zur Anmeldung seiner Geistesschöpfung berechtigt.

Wer rechtswidrig eine fremde Geistesschöpfung zum Patente anmeldet, erlangt zwar, da das Patentamt sich von Amts wegen mit der Frage der materiellen Berechtigung nicht befaßt, der Allgemeinheit gegenüber, sofern die Erfindung geeignet ist, das Gewerbe zu fördern und nicht schon durch eine ältere Anmeldung vorweggenommen ist, einen Anspruch auf Patenterteilung, und er vermag, wenn der Berechtigte keinen Einspruch erhebt, auch ein Patent für die Erfindung zu erlangen. Dieses Patent ist aber, da es im Widerspruch mit dem materiellen Rechte erteilt ist und auf rechtswidriger Preisgabe fremden Gutes beruht, dem Verletzten gegenüber nichtig.

Diese Nichtigkeit ist eine heilbare, denn die durch die Anmeldung begangene Rechtsverletzung kann dadurch beseitigt werden, daß der in seinem Rechte Verletzte nachträglich die Anmeldung genehmigt und dadurch den Grund der Nichtigkeit beseitigt.

Daß der Anmelder ein eigenes Recht auf Anmeldung hat, ist insofern nicht erforderlich, als auch die bloße Zustimmung oder nachträgliche Genehmigung des Berechtigten die Anmeldung zu

---

[65]) Vgl. Note 6.

einer rechtmäßigen macht. Denn es entspricht allgemeinen Rechtsgrundsätzen, daß die Hingabe eines fremden Rechtsguts durch einen an sich Unberechtigten dann eine rechtmäßige ist, wenn die Hingabe mit Zustimmung des Berechtigten erfolgt, oder von ihm nachträglich genehmigt ist. Hier ist es dann Sache der Beteiligten, sich auf Grund der der Einwilligung zugrunde liegenden Rechtsbeziehungen auseinander zu setzen und etwaige Streitigkeiten auf gerichtlichem Wege zum Austrag zu bringen. Das erteilte Patent ist nach materiellem Rechte gültig und kann von dem Berechtigten nicht weiter angefochten werden.

Wer durch eine Anmeldung in seinem Rechte verletzt ist, kann diese Verletzung nach dem Patentgesetze der Anmeldung gegenüber im Wege des Einspruchs und dem Patente gegenüber im Wege der Nichtigkeitsklage geltend machen.

Der Einspruch ist innerhalb einer Frist von zwei Monaten nach Veröffentlichung der Anmeldung zu erheben; er muß schriftlich erfolgen und mit Gründen versehen sein (§ 24 Abs. 2 des PG.).

Das Nichtigkeitsverfahren ist durch die §§ 28 fg. des Patentgesetzes geregelt.

Eine Entnahme ist erst möglich, wenn die Erfindung sinnlich wahrnehmbar geworden ist.[66]) Solange die Geistesschöpfung des Erfinders noch nicht in die Erscheinung getreten ist, kann sie auch nicht wahrgenommen und folglich auch nicht von andern entnommen werden. Die Formen, in denen der Erfinder seine Geistesschöpfung kundgeben kann, sind mündliche und schriftliche Beschreibungen, Zeichnungen, Modelle, Gerätschaften oder Einrichtungen, oder auch ein Verfahren (vgl. § 3 Abs. 2 des PG.). Mit dieser Kundgebung wird die Erfindung für andere wahrnehmbar und damit ist auch die Möglichkeit gegeben, daß ein Unberechtigter sich der Entnahme schuldig macht, indem er, ohne Einwilligung des Berechtigten, die fremde Geistesschöpfung zur Anmeldung bringt.

Ob die Entnahme aus der ersten Erscheinungsform der Erfindung stattgefunden hat, oder aus einer späteren Erscheinungsform, die nur eine Reproduktion der ersten bildete, ist ohne Be-

[66]) Vgl. Kohler: Lehrbuch des Patentrechts S. 84—85; Gew. Rechtsschutz u. Urh. 1907 S. 214.

deutung. In dem einen wie im andern Falle ist es die Geistesschöpfung des Erfinders, die ohne dessen Zustimmung, also zu Unrecht, angemeldet ist.

Die Entnahme kann nur seitens des Verletzten geltend gemacht werden. Haben zwei Personen, unabhängig voneinander, die gleiche Erfindung gemacht, und wird alsdann die Erfindung von einem Unberechtigten zum Patente angemeldet, so ist nur derjenige der Verletzte, auf dessen Person als ursprünglichen Kundgeber die Kenntnis des unberechtigten Anmelders zurückzuführen ist. Dessen Geistesschöpfung, nicht die Geistesschöpfung des andern, ist unberechtigt angemeldet.

Der Gesetzgeber hat in § 3 Abs. 2 die Entnahme in eigenartiger Weise geregelt. Er hat die Beweispräsumtion aufgestellt, daß derjenige der Berechtigte ist, dessen Beschreibungen usw. der wesentliche Inhalt der Anmeldung entnommen ist. Damit hat der Gesetzgeber dem Berechtigten den schwierigen Beweis, daß seine Beschreibung die ursprüngliche Kundgebung der Geistesschöpfung war, abgenommen.[67])

Wird dem Einspruche stattgegeben, so hat dies nur zur Folge, daß dem unberechtigten Anmelder das Patent versagt wird, nicht aber, daß dem Einsprechenden an Stelle des Unberechtigten das Patent erteilt wird. Letzteres ist schon deshalb ausgeschlossen, weil jener nur kraft der im Gesetze aufgestellten Beweispräsumtion als Verletzter gilt. Ob er wirklich der Verletzte, d. h. der wahre Berechtigte ist, steht nicht fest.[68]) Würde dem Einsprechenden ohne weiteres das Patent erteilt, so wäre damit dem wahren Berechtigten unter Umständen die Möglichkeit genommen, gegen die Patenterteilung Einspruch zu erheben. Diese Möglichkeit wird ihm durch die Bekanntmachung, daß der (ihm vielleicht ganz unbekannte) Anmelder ein Patent nachgesucht habe, nicht immer in gleicher Weise gewahrt, wie durch eine Bekanntmachung, daß der Einsprechende die Erteilung des Patents beantragt habe. Eine Patenterteilung an den Einsprechenden ist

---

[67]) Vgl. Gew. Rechtsschutz u. Urh. 1907 S. 217 fg., aber auch Allfeld: Komm. z. Patentgesetz § 3 Note 8 fg.

[68]) Dies wird auch in den Regierungsmotiven zu § 10 hervorgehoben.

aber auch aus allgemeinen Gründen grundsätzlich ausgeschlossen. Denn die Patenterteilung beruht auf dem Grundsatze, daß derjenige, der seine Erfindung durch Anmeldung kundgibt, als Entgelt für diese Kundgebung das Patent erhält. Der Einsprechende hat aber die Erfindung seinerseits durch Anmeldung nicht kundgegeben. Er muß also, um Anspruch auf ein Patent zu erwerben, die Erfindung zunächst vorschriftsmäßig selbst anmelden.

Hier hat der Gesetzgeber indessen aus Billigkeitsgründen die Vorschrift getroffen, daß der Einsprechende, falls er innerhalb eines Monats seit Mitteilung der Entscheidung des Patentamts die Erfindung seinerseits anmeldet, verlangen kann, daß als Tag seiner Anmeldung der Tag vor Bekanntmachung der früheren Anmeldung festgesetzt werde. Die Vorschrift bezweckt, den Berechtigten davor zu schützen, daß seiner Anmeldung eine infolge der Bekanntmachung inzwischen erfolgte Veröffentlichung oder offenkundige Benutzung der Erfindung patenthindernd entgegensteht.

So sehr diese Vorschrift der Billigkeit zu entsprechen scheint, wenn man nur die Person des Verletzten ins Auge faßt, so kann sie doch für andere Berechtigte Folgen haben, die der Billigkeit durchaus widersprechen. Denn kraft dieser Ausnahmevorschrift kann der durch die Entnahme Verletzte auch vor einem andern Selbsterfinder den Vorrang beanspruchen, der zwar erst nach der Bekanntmachung der unberechtigten Anmeldung, aber doch vor ihm die gleiche Erfindung angemeldet hat. Die Anwendung der Vorschrift in einem solchen Falle läßt sich auch nicht durch die Auffassung rechtfertigen, daß die unberechtigte Anmeldung eine auftragslose Geschäftsführung für den durch die Entnahme Verletzten sei, der diese Geschäftsführung durch seine eigene Anmeldung gutheiße. Denn eine solche Auffassung würde dem Patentgesetze nicht entsprechen. Nach dem Patentgesetze kann wohl eine unberechtigte Anmeldung dadurch nachträglich zu einer berechtigten werden, daß der Verletzte die Anmeldung genehmigt; auch läßt sich die Anmeldung des Unberechtigten durch Vertrag auf die Person des Berechtigten übertragen. Aber hier bleibt die Anmeldung entweder bei der Person des Unberechtigten oder sie geht doch nur mit dessen Zustimmung auf den Verletzten über. Dagegen kann durch bloße Genehmigung beim Widerspruch des Unberechtigten dessen Anmeldung nicht zur Anmeldung des Verletzten werden. Bedarf es aber einer eigenen Anmeldung des verletzten Erfinders, so ist aus der Anmeldung eines Unberechtigten kein gerechtfertigter Grund zu entnehmen, die eigene Anmeldung des Erfinders der zeitlich früheren Anmeldung eines andern Selbsterfinders vorgehen zu lassen. Vermag allerdings der Verletzte auf Grund eines gerichtlichen Verfahrens die Verurteilung des Unberechtigten zur Übertragung der Anmeldung zu erwirken, so wird mit Vollstreckung des Urteils die unberechtigte Anmeldung und zwar mit ursprünglicher Priorität zur Anmeldung des Verletzten. Hingegen ist das Patentamt, auch wenn es die Entnahme feststellt, beim Widerspruch des Unberechtigten zur Übertragung nicht berufen, zumal mit der Entnahme noch nicht festgestellt ist, daß der Einsprechende auch wirklich der Berechtigte ist.

Ist auf die unberechtigte Anmeldung das Patent erteilt, sei es, daß der Berechtigte versäumt hat, gegen die Anmeldung rechtzeitig Einspruch zu erheben, sei es, daß ein solcher Einspruch erfolglos gewesen ist, so steht ihm als Verletzten der Weg offen, die Vernichtung des Patents zu beantragen (vgl. § 10 Ziff. 3 und § 28 fg. des PG.). Zur Nichtigkeitsklage ist nur der Verletzte berechtigt (§ 28 Abs. 2 des PG.). Verletzt ist derjenige, dessen Geistesschöpfung angemeldet ist, nicht aber auch ein anderer Selbsterfinder. Die für das Einspruchsverfahren geltende Beweispräsumtion gilt auch für das Nichtigkeitsverfahren.

Die Erteilung eines Patents auf die unberechtigte Anmeldung schließt es aus, daß der Verletzte durch eigene Anmeldung der Erfindung ein Patent zu erwerben vermag. Ist die Patentschrift über das erteilte Patent vorveröffentlicht, so steht diese Veröffentlichung gemäß § 2 des PG. einer neuen Anmeldung jedenfalls patenthindernd entgegen.

Aber auch wenn die Patentschrift zur Zeit der eigenen Anmeldung des Erfinders noch nicht veröffentlicht war, so bildet doch schon das erteilte, wenn auch nichtige, Patent ein Hindernis für die Erteilung eines neuen Patents. Wird dem Erfinder das erteilte Patent gemäß § 3 Abs. 1 des PG. entgegengehalten, so kann er sich jedenfalls, solange er die Vernichtung des Patents noch nicht herbeigeführt hat, auf dessen Nichtigkeit nicht berufen. Denn die Nichtigkeit eines Patents kann ausschließlich auf dem gesetzlich vorgeschriebenen Wege des § 28 fg. des PG. geltend gemacht werden. Ein Patent ist so lange als gültig anzusehen, als es nicht auf Grund des Gesetzes für ungültig erklärt ist.

Aber auch wenn der verletzte Erfinder die Vernichtung des dem unberechtigten Anmelder erteilten Patents herbeigeführt hat, steht das erteilte Patent seiner eigenen Anmeldung hindernd entgegen. Seine Anmeldung vermag einen Anspruch auf Patenterteilung nicht zu begründen, weil ihr eine andere Anmeldung vorausgegangen ist. Diese Anmeldung war zwar die eines Unberechtigten, und der Erfinder hätte sie beseitigen können, wenn er gegen die Patenterteilung auf die unberechtigte Anmeldung Einspruch erhoben hätte. Hätte er einen solchen Einspruch erhoben und hätte er den Tatbestand der Entnahme nachgewiesen, so hätte gemäß § 3 Abs. 2 des PG. „ein Anspruch des Patentsuchers auf Erteilung des Patents nicht stattgefunden" und sein Einspruch hätte die Zurückweisung der unberechtigten Anmeldung zur Folge gehabt. Da ein solcher Einspruch nicht erhoben ist, so ist auf diese Anmeldung an und für sich mit Recht das Patent erteilt. Die Patenterteilung entsprach der gesetzlichen Regelung des Patenterteilungsverfahrens, nach welcher eine Prüfung der Berechtigung zur Anmeldung von Amts wegen nicht stattfindet. Die Patenterteilung bildete die Gegenleistung für die Kundgebung der Erfindung in der Anmeldung, und dieser Gegenleistung konnte sich die patenterteilende Behörde nach dem Gesetze gar nicht entziehen. Es wäre Sache des Verletzten gewesen, auf Grund der gehörig erfolgten Bekanntmachung rechtzeitig Einspruch zu erheben und die patenterteilende Behörde in die Lage zu versetzen, das Patent zu versagen. Hat hiernach die Behörde das Patent mit Recht erteilt, so hat sie damit ihrer Pflicht ein für allemal genügt. Sie ist nicht verpflichtet, für eine zweite Kundgebung, die nichts anderes als die erste Kundgebung enthält und daher gar keine Leistung ist, eine Gegenleistung zu gewähren.

Es läßt sich auch nicht geltend machen, daß diese Gegenleistung keine wirkliche Leistung gewesen sei. Denn das erteilte Patent war ein wirksames Patent, das von der Allgemeinheit zu beachten war, also ein Patent, wie es nunmehr der durch die Entnahme Verletzte selbst zu erhalten wünscht. Seine Nichtigkeit war auch nur eine relative, die weder von der patenterteilenden Behörde, noch von irgendeinem andern, mit alleiniger Ausnahme des Verletzten und auch von letzterem nur auf dem gesetzlich vorgeschriebenen Wege zur Geltung gebracht werden konnte. Zwar war das Patent unter Außerachtlassung des Rechts des Verletzten erteilt. Aber daß dieses Recht außer acht gelassen wurde, beruht auf der gesetzlichen Regelung in Verbindung mit dem eigenen Verhalten des Verletzten, der es trotz der erfolgten Bekanntmachung unterlassen hat, sein Recht wahrzunehmen.

Die Ausnahmevorschrift des § 3 Abs. 2 des PG., wonach der einsprechende Verletzte verlangen kann, daß als Tag seiner Anmeldung der Tag vor Bekanntmachung der früheren Anmeldung festgesetzt werde, kann der Nichtigkeitskläger für seine Anmeldung nicht in Anspruch nehmen. Diese Vergünstigung mag einem Einsprechenden mit Recht zuteil werden, dem erst durch die Bekanntmachung der bisher geheimen Anmeldung Gelegenheit geboten wurde, von dieser Kenntnis zu nehmen, und der diese Gelegenheit benutzt hat, sein eigenes Recht zur Geltung zu bringen, nicht aber dem Nichtigkeitskläger, der die ihm durch die Bekanntmachung seiner Zeit gebotene Gelegenheit zum Einspruch versäumt hat. Es kommt hinzu, daß es ungerecht wäre, den Verletzten wegen der erfolgten Entnahme vor andern, die selbst die gleiche Erfindung gemacht haben, zu bevorzugen. Andern Erfindern steht das auf die unberechtigte Anmeldung erteilte Patent entgegen, ohne daß sie eine Verlegung ihres Anmeldetages verlangen können.

Eine Bevorzugung des durch die Entnahme verletzten Erfinders liegt an und für sich schon darin, daß dieser aus der Entnahme für sich Rechte ableiten kann, während andere Erfinder durch die unberechtigte Anmeldung vom Anspruche auf Patenterteilung ausgeschlossen sind. Es bietet sich insbesondere dadurch, daß die Nichtigkeit des Patents nur eine relative ist, für den durch die Entnahme Verletzten die Möglichkeit, von der

Herbeiführung der Vernichtung abzusehen und sich mit dem Unberechtigten gütlich zu einigen, oder auf gerichtlichem Wege die Übertragung des Patents auf seine Person zu erzwingen. Der durch die Entnahme verletzte Erfinder kann also unter Umständen grade infolge der unberechtigten Anmeldung für seine Erfindung Patentschutz erlangen, während andere Erfinder, die vielleicht schon vor ihm die gleiche Erfindung gemacht haben und ihm auch in der Anmeldung zuvorgekommen sind, wegen der älteren unberechtigten Anmeldung zurückstehen müssen.

Da die Nichtigkeitsklage nur zur Vernichtung des angefochtenen Patents führen kann und dem Verletzten damit die Aussicht, ein Patent für die Erfindung zu erwerben, wie bereits ausgeführt wurde, verschlossen ist, so wird ein Verletzter, dem daran gelegen ist, für sich selbst Patentschutz zu erhalten, den Weg der Nichtigkeitsklage nicht betreten, sondern durch Klage bei Gericht unter dem Gesichtspunkte des Schadensersatzes[69]) die Übertragung des Patents zu erlangen suchen.

Steht das Recht an der Geistesschöpfung mehreren gemeinsam zu und meldet ein Mitberechtigter ohne Zustimmung der andern die Erfindung für sich allein an, so sind damit die andern Mitberechtigten zwar in ihrem Rechte verletzt, aber diese Verletzung können sie weder im Wege des Einspruchs noch im Wege der Nichtigkeitsklage geltend machen.[70]) Der Einspruch könnte nur zur Versagung, die Nichtigkeitsklage nur zur Vernichtung des Patents führen. Durch den Einspruch oder durch die Nichtigkeitsklage vermag hiernach die begangene Rechtsverletzung nicht richtig ausgeglichen werden; denn der dadurch etwa herbeigeführte Erfolg würde über den Ausgleich der begangenen Rechtsverletzung hinaus die Rechte des Anmelders verletzen. Wollte man annehmen, daß der Anmelder nur in Gemeinschaft mit seinen Mitberechtigten die Anmeldung hätte bewirken dürfen, so würde dies zu der unannehmbaren Konsequenz führen, daß ein einzelner Mitberechtigter, der die Erfindung vorbehaltslos

---

[69]) Vgl. Abschnitt b.

[70]) Vgl. Gew. Rechtsschutz u. Urh. 1907 S. 217; ebenso Robolski: Patentgesetz § 3 Note 12; Kent: Patentgesetz § 3 Note 92; A. M. Seligsohn: Patentgesetz, 4. Auflage, § 3 Note 22.

der Allgemeinheit zuwenden möchte, durch seinen Widerspruch die übrigen Mitberechtigten völlig entrechten könnte. Die Anmeldung der Erfindung dient der Erhaltung des gemeinsamen Rechtsguts und kann daher an und für sich auch durch einen einzelnen Mitberechtigten allein erfolgen.[71]) Werden hierdurch die Rechte der andern verletzt, so muß auf gerichtlichem Wege ein Ausgleich erfolgen. Würde man verlangen, daß die gerichtliche Auseinandersetzung der Patentanmeldung vorauszugehen hätte, so würde die Anmeldung im Hinblick auf §§ 2 und 3 des PG. wohl meistens zu spät kommen.

---

d) Das Urheberrecht bei Beteiligung mehrerer an der Geistesschöpfung.

Ist eine Erfindung durch das Zusammenwirken mehrerer Personen zustande gekommen, so kommt es darauf an, von welchem Willen die Tätigkeit dieser Personen getragen ist. Ist eine der beteiligten Personen der Hauptträger, der die übrigen nur als seine Gehilfen herangezogen hat, so entsteht nur in seiner Person das Urheberrecht. Die übrigen sind dann am Urheberrecht selbst nicht beteiligt, und für die Frage, ob ihnen gegen den Hauptträger irgendwelche Ansprüche zustehen, kommt es darauf an, ob ihre Tätigkeit lediglich aus Gefälligkeit erfolgte, oder ob die Tätigkeit, sei es nach ausdrücklicher Vereinbarung, sei es nach den besonderen Verhältnissen des Falles, als eine entgeltliche zu betrachten war. Wer nur als Gehilfe beteiligt ist, kann dieses Verhältnis selbstverständlich durch einseitige Erklärungen, die mit dem bereits geschaffenen Rechtsverhältnis in Widerspruch stehen, oder durch Mentalreservationen nicht ändern. Er ist als Gehilfe nur an fremder Erfindung beteiligt und er erwirbt, soweit die vermögensrechtliche Seite in Betracht kommt,[72]) durch seine hilfreiche Tätigkeit, auch wenn sie noch so wirkungsvoll ist, kein Erfinderrecht. Es ist möglich, daß der Gehilfe durch seine nach Auftrag erfolgende Tätigkeit die Er-

---

[71]) Vgl. § 744 Abs. 2 des BGB.

[72]) Hier ist nur das Erfinderrecht zu prüfen. Für die Erfinderehre hingegen hat jeder Beteiligte dasjenige Verdienst, das ihm nach seiner Leistung zukommt, mag er auch rechtlich nur als Gehilfe gelten.

findung zum Abschlusse bringt, indem er die letzte noch bestehende Schwierigkeit löst, sei es nun, daß dies die Hauptschwierigkeit war, oder sei es, daß die Hauptschwierigkeit schon überwunden und nur ein Nebenpunkt noch ungelöst geblieben war.

Haben mehrere Personen zusammen in der Weise eine Erfindung gemacht, daß sie miteinander Träger der erfinderischen Tätigkeit waren, so erlangen sie dadurch ein Mitrecht an der gemeinschaftlichen Erfindung. In diesem Falle regeln sich die Rechte der Mitberechtigten im Verhältnis zueinander und im Verhältnis zu Dritten nach §§ 741 fg. des BGB.[73])

Ob eine an der Geistesschöpfung beteiligte Person als Miterfinder oder als Gehilfe anzusehen ist, wird in manchen Fällen nur unter besonderen Schwierigkeiten festzustellen sein. Hier kommt es namentlich darauf an, wer als Spiritus rektor die erfinderische Tätigkeit in Aktion gesetzt hat, wer zu ihrer Aufhebung berufen gewesen wäre, und wem die gebrachten Opfer zur Last fallen. Ist eine wertvolle Erfindung gemacht, so wird freilich nachträglich jeder der Beteiligten sehr geneigt sein, die Stellung eines Haupterfinders für sich in Anspruch zu nehmen und dabei gerne bereit sein, diese Stellung durch Übernahme der gebrachten Opfer zu erkaufen. Es ist daher notwendig, hier die späteren Erklärungen außer Betracht zu lassen und die Frage lediglich von dem Gesichtspunkte aus zu prüfen, daß die erfinderische Tätigkeit erfolglos geblieben wäre. Weisen hier die Umstände auf eine bestimmte Person als den zur Tragung der Opfer Verpflichteten hin, so wird dieser, wenn nicht besondere Verabredungen entgegenstehen, zwar nicht immer aber doch regelmäßig als Träger der erfinderischen Tätigkeit zu gelten haben.

Ist jemand als Gehilfe für eine erfinderische Tätigkeit nach einer bestimmten Richtung hin in Anspruch genommen und findet er alsdann die Lösung des Problems nicht in dieser, sondern in einer ganz anderen Richtung, so kommt es in erster Linie darauf an, ob die Lösung des Problems nach den dem Gehilfen zugänglich gemachten Unterlagen für einen Sachverständigen ohne weiteres möglich war. Traf letzteres zu, so ist der als Gehilfe

---

[73]) Wegen der Entnahme vgl. Abschnitt c. a. E.

in Anspruch Genommene keinesfalls als Miterfinder anzusehen. Dagegen kann er, wenn die Lösung des Problems eigenartig war, unter Umständen als Miterfinder zu gelten haben, indessen nur dann, wenn unter Berücksichtigung der gesamten Umstände die Auffassung gerechtfertigt erscheint, daß die Gehilfentätigkeit als solche mit der Erkenntnis, daß die Lösung in der vorgeschriebenen Richtung nicht zu finden war, beseitigt war. Regelmäßig wird hier eine rechtzeitige Kundgebung des Gehilfen an den Auftraggeber zu verlangen sein, daß er dem erteilten Auftrage nicht nachkommen könne, weil die Lösung des Problems nach der erteilten Vorschrift nicht möglich sei. Erfolgt eine solche Kundgebung nicht, so wird man regelmäßig das Auftragsverhältnis als fortbestehend ansehen müssen. Hier ist auch nicht entscheidend, ob der Auftraggeber verpflichtet gewesen wäre, dem Beauftragten die aufgewandten Kosten zu ersetzen, falls die Lösung des Problems auf dem neuen Wege nicht gefunden wäre, denn der Gehilfe mag aus Interesse an der Sache auch eigene Opfer zu bringen gewillt gewesen sein, oder damit gerechnet haben, daß ihm der Auftraggeber die aufgewandten Kosten gutwillig ersetzen werde.

Die Gehilfenschaft kann auch durch ein besonderes Dienstverhältnis begründet sein. Namentlich können Personen, die in einem fremden Betriebe angestellt sind, nach der Art ihrer Stellung oder nach ausdrücklicher Vertragsbestimmung verpflichtet sein, den Betrieb auch durch erfinderische Tätigkeit zu fördern. Träger der erfinderischen Tätigkeit, wie des Betriebes überhaupt, ist hier der Geschäftsherr.[74]) Denn der Angestellte

[74]) Vgl. namentlich Kohler: Lehrbuch des Patentrechts S. 87 fg.; ferner Schanze im Markenschutz u. Wettbewerb 1910 S. 211 fg.; Gülland: Einf. in die ziv. Praxis in Erfindungs- u. Patentsachen S. 141 fg.; Kent: Patentgesetz § 1 Note 317 fg.; Seligsohn: Patentgesetz § 3 Note 23; Wassermann: Grundzüge des Patentrechts S. 57—75; Meili im Gew. Rechtsschutz u. Urh. 1905 S. 38 fg.; West ebendas. 1908 S. 73 fg.; E. Katz ebendas. 1906 S. 213 fg.; Pilenko (Augustin): Recht des Erfinders S. 328 bis 333. Man spricht in diesem Falle von Etablissementserfindung, teils ganz allgemein, teils unter Beschränkung auf den Fall, daß die Erfindung durch eine ineinander greifende Tätigkeit von Angestellten desselben Betriebes geschaffen ist, und daß (Schanze a. a. O.) bei dieser Tätigkeit nachweisbar keinem Angestellten ein Erfinderverdienst zukommt.

ist verpflichtet, innerhalb des Rahmens seiner Stellung dem Betriebe seine Kräfte zu widmen, und dazu gehört, wenn es bei seiner Anstellung ausdrücklich verabredet war oder nach der Art seiner Stellung stillschweigend vorausgesetzt wurde, auch erfinderische Tätigkeit. Die Leistung des Geschäftsherrn besteht hier darin, daß er für die erfinderische Tätigkeit des Angestellten seine Fabrik, seine Maschinen und Gerätschaften, sein Material, seine Arbeiterschaft, seine sowie seiner Angestellten Erfahrungen zur Verfügung stellt und sämtliche Kosten, insbesondere die häufig recht beträchtlichen Kosten der Erprobung nebst dem damit verbundenen Risiko trägt. Ohne diese Mitwirkung des Geschäftsherrn würde der Angestellte die Erfindung in der Regel nicht machen können.[75]) Erfolgte hier die Tätigkeit des Angestellten nach dem maßgebenden Anstellungsvertrage in Geschäften und für Rechnung des Geschäftsherrn, so gilt letzterer als Träger der erfinderischen Tätigkeit und er erwirbt an den gemachten Erfindungen das Urheberrecht, selbst wenn die Erfindungen ganz ohne sein Wissen gemacht sind.[76])

---

[75]) Vgl. W. v. Siemens: Das Recht der Angestellten an den Erfindungen im Gew. Rechtsschutz u. Urh. 1907 S. 207: „Der in eine an dem technischen Fortschritt erfolgreich mitarbeitende Firma neu eintretende Angestellte muß daher nicht glauben, daß er, wenn er auch noch so begabt ist, die Hauptsache selbst mitbringt, und daß er in erster Linie der Gebende ist. Er ist in viel größerem Maße der Empfangende, dem sich das ganze Aufgabengebiet der Firma öffnet und dem sich die Quellen des praktischen Lebens erschließen. Er empfängt noch vieles andere: die Leitung, die Kameradschaft, den Gedankenaustausch, die aufgespeicherten Erfahrungen, die Gehilfen, die Aufgaben und die Gelegenheiten. Nicht nur die Gelegenheit zu neuen Anregungen, sondern auch zur Verwirklichung von Plänen und Entwürfen, sowie zur Erprobung des Geschaffenen im praktischen Leben. Häufig führt der Weg dabei durch Fehlschläge und Mißerfolge, welche das wertvollste, aber gleichzeitig auch kostspieligste und gefährlichste Lehrmaterial für die Firma und ihre Angestellten darstellen.“

[76]) Es wäre aber wohl Aufgabe des Gesetzgebers, bei gewerblich sehr wertvollen Erfindungen, die wesentlich durch das Verdienst eines bestimmten Angestellten zustande gekommen sind, dem Angestellten einen Anspruch auf angemessene Vergütung zu gewähren, wenn die dem Geschäftsherrn obliegende vertragliche Leistung zur Leistung des

Eine andere Lösung ist auch nicht gut möglich. Denn zu einem gedeihlichen Betriebe gehört es, daß sämtliche ihm dienende Kräfte nur das Gedeihen des Ganzen im Auge haben, und daß jeder Beteiligte rückhaltslos alles das hergibt, was er herzugeben vermag, ohne dabei an sein Sonderinteresse zu denken. Bei einem solchen Zusammenarbeiten ist es in vielen Fällen auch gar nicht angängig, nachträglich genau festzustellen, welcher Anteil an der gemeinsam gemachten Erfindung später auf Rechnung eines jeden einzelnen zu schreiben ist. Die vorhandenen Kräfte arbeiten hier nicht nebeneinander, sondern ineinander. Ausscheidende Kräfte lassen das Ergebnis ihrer Arbeit zurück. Neue Kräfte treten an ihre Stelle und setzen die Arbeit fort. Ein jeder tritt nach Anweisung an die Stelle, wo seine Kräfte gerade gebraucht werden. So werden Erfindungen gemacht, an deren Zustandekommen derjenige, welcher die letzte Hand angelegt hat, in manchen Fällen ein geringeres Verdienst hat, als sein Vorgänger. Würde hier die gemeinsame Arbeit nicht als betriebsmäßige, dem Rechte nach dem Herrn des Betriebes zugute kommende gelten, sondern jeder den von ihm geleisteten Teil als sein eigenes Gut beanspruchen dürfen, so würde, zum Schaden des Ganzen, jeder in kleinlicher Weise auf seinen eigenen Vorteil bedacht sein. Es würde sich ein jeder an die Stelle zu drängen suchen, wo neue Erfindungen in Vorbereitung sind und nur mit Widerstreben an die nicht weniger wichtige Stelle treten, wo bereits geschaffene Erfindungen in die Praxis übertragen und durch fachmännische Ausbildung für den Betrieb nutzbar gemacht werden. Vor allem aber würde die Gefahr vorliegen, daß jeder in seinem Mitarbeiter einen Konkurrenten erblicken und diesem die einen Erfolg ver-

Angestellten in einem krassen Mißverhältnisse steht; nur müßten für die Geltendmachung eines solchen Anspruchs ganz besondere Grundsätze aufgestellt werden, um eine gewerbliche Schädigung des Geschäftsherrn zu verhüten. Es mag hier z. B. auf die sogen. Laesio enormis (vgl. Windscheid: Pandekten Bd. II § 396) sowie auf die nachdrückliche Wahrnehmung der Interessen des Erfinders durch die englischen Gerichte bei Anwendung des Abschn. 18 des englischen Patentgesetzes von 1907 (vgl. des Verfassers Komm. zu diesem Abschnitt) hingewiesen werden.

sprechende Idee nach Möglichkeit vorenthalten würde, um dann die erhoffte Lösung des Problems für sich allein beanspruchen zu können. An Stelle des für das Gedeihen des Betriebes ersprießlichen Zusammenarbeitens würde, zum Nachteil des Ganzen, ein Nebeneinanderarbeiten treten.[77]) Dies entspricht aber nicht dem Geiste des Anstellungsvertrages, der darauf gerichtet ist, dem Betriebe neue Kräfte zuzuführen, die keine Sonderstellung einnehmen, sondern mit den bereits vorhandenen Kräften ein zusammengehöriges Ganzes bilden und sich diesem als ein Glied einfügen sollen.

Durch nachträgliche Proteste oder durch Mentalreservationen vermag sich der Angestellte diesem Rechtsergebnisse nicht zu entziehen. Es wird daher an dem Ergebnisse auch dadurch nichts geändert, daß der Angestellte die in der Zeit seines Vertragsverhältnisses gemachte Erfindung zunächst verschweigt und erst nach Beendigung dieses Verhältnisses kundgibt. Denn durch ein solches Verhalten kann der Angestellte, abgesehen von der ihn zum Schadensersatz verpflichtenden Arglist, die Tatsache, daß er in fremder Sache als Gehilfe die Erfindung gemacht hat, nicht beseitigen.

Dagegen entsteht das Erfinderrecht in der Person des Angestellten, wenn die von ihm gemachte Erfindung außerhalb des Kreises der ihm im Geschäfte zugewiesenen Aufgaben liegt. Ein Angestellter, der nur mit kaufmännischen Arbeiten betraut ist, oder ein Arbeiter, dem nur eine mechanische Tätigkeit obliegt, haben nicht die Aufgabe, den Betrieb durch erfinderische Tätigkeit zu fördern. Und selbst ein zu erfinderischer Tätigkeit berufener Angestellter hat doch nur die Aufgabe, dem Betriebe zu dienen. Macht er eine Erfindung, die außerhalb des Betriebes liegt, so gebührt ihm dafür das Erfinderrecht.

Es ist auch nicht allein entscheidend, ob die gemachte Erfindung als solche geeignet ist, den Interessen des Betriebes zu dienen, sondern es kommt darauf an, ob die Tätigkeit des Angestellten in seiner dienstlichen Stellung erfolgte. Ein Angestellter z. B., der lediglich aus eigenem Interesse eine Ausstellung be-

---

[77]) Vgl. Kohler a. a. O. S. 88—89.

sucht und infolge der ihm gebotenen Gelegenheit zu Beobachtungen eine Erfindung gemacht hat, für welche die ihm in seiner dienstlichen Stellung zuteil gewordenen Kenntnisse, Erfahrungen und Anregungen in keiner Weise ursächlich sind, kann das Urheberrecht an dieser Erfindung für sich allein beanspruchen. Denn an dieser Erfindung hat der Geschäftsherr keinerlei Anteil. Besteht ein ursächlicher Zusammenhang, so wird unter Umständen ein Miterfinderrecht anzunehmen sein.

Da ein Geschäftsherr auch ohne eigene erfinderische Tätigkeit das Erfinderrecht erwerben kann, so ist es nicht erforderlich, daß der Geschäftsherr eine natürliche Person ist. Auch juristische Personen können Träger einer erfinderischen Tätigkeit sein. Sogar der Staat kann durch die Person seiner Beamten Erfindungen machen, insofern die der Erfindung zugrunde liegende Tätigkeit zu ihren dienstlichen Aufgaben gehörte, wobei der Staat dann die für diese Tätigkeit erforderlichen Mittel gewährt, und bei einem Wechsel in der Person des Beamten die bisher gewonnenen Ergebnisse von dem Nachfolger übernommen und weiter nutzbar gemacht werden. Die Verhältnisse liegen hier nicht wesentlich anders wie bei der sogen. Etablissementserfindung.

---

e) Die Übertragung des Erfinderrechts.

Die Beziehung des Erfinders zu seiner Geistesschöpfung ist, soweit es sich um die Tatsache seiner Urheberschaft handelt, eine höchst persönliche, die sich der Übertragung entzieht. Es kann durch keinen Vertrag bewirkt werden, daß die Urheberschaft des A. zu einer solchen des B. wird. Dagegen sind die durch die Urheberschaft begründeten Vermögensrechte nach deutschem Rechte der Übertragung fähig. Dies gilt nicht nur für den durch die Anmeldung erworbenen Anspruch auf Patenterteilung sowie für das erteilte Patent (§ 6 des PG.), sondern es gilt auch für das bereits vor der Anmeldung bestehende Urheberrecht, insbesondere für das Recht auf Anmeldung. Der Erfinder kann das Recht auf Anmeldung seiner Geistesschöpfung sowohl unter Lebenden wie von Todes wegen auf andere übertragen. Der

Rechtsnachfolger tritt an die Stelle des Erfinders. Er erwirbt durch die Übertragung das Recht, die Erfindung anzumelden, und er erlangt durch die Anmeldung, falls er der erste Anmelder ist, einen Anspruch auf Patenterteilung. Der Veräußerer hingegen verliert durch die Übertragung das Recht an der Geistesschöpfung. Meldet er, ungeachtet der Übertragung, die Erfindung zum Patente an, so verletzt er das Recht des Erwerbers und macht sich einer Entnahme schuldig.

Die Übertragung des Urheberrechts kann auch eine beschränkte sein, indem sie nicht alle vermögensrechtlichen Beziehungen der übertragenen Geistesschöpfung umfaßt. Sie kann sich insbesondere darauf beschränken, daß das Recht auf Anmeldung nur für bestimmte Staaten übertragen wird, während sich der Erfinder für die übrigen Staaten das Anmelderecht selbst vorbehält.

Soll die Übertragung in fremden Staaten Rechtswirkung äußern, so kommt es darauf an, ob und inwieweit das fremde Recht eine Übertragung zuläßt. Dies ist hier nicht weiter in Betracht zu ziehen.

Nach deutschem Rechte bedarf es für die Übertragung keiner besonderen Förmlichkeit. Indessen ist zu berücksichtigen, daß gemäß § 19 des PG. für die Übertragung eines Patents und in analoger Anwendung dieser Vorschrift auch für die Übertragung des Anspruchs auf Patenterteilung eine beweisende Form in dem Sinne erforderlich ist, daß bis zur Beibringung des Beweises beim Patentamte bezw. bis zur amtlichen Publikation der bisherige Inhaber nach Maßgabe des Patentgesetzes berechtigt und verpflichtet bleibt.

---

f) Der Ausstellungsschutz.

Die Offenbarung der Erfindung durch den Erfinder begründet, wie wir bereits gesehen haben, einen Anspruch auf Patenterteilung nur dann, wenn sie auf dem gesetzlich dafür vorgeschriebenen Wege der Anmeldung erfolgt.

Eine Offenbarung der Erfindung, die nicht durch Anmeldung erfolgt, begründet für den Erfinder der Regel nach kein Recht.

Diese Regel erleidet jedoch, von den internationalen Verträgen abgesehen, in einem Falle eine Ausnahme, in welchem durch eine Offenbarung, die keine Anmeldung ist, zwar nicht ein Anspruch auf Patenterteilung, aber ein Vorrang erlangt wird. Dieser Fall betrifft die Schaustellung der Erfindung auf einer Ausstellung.

Es liegt im Interesse des Gewerbes, daß auf Ausstellungen, die einen vollständigen Überblick über den gegenwärtigen Stand der Technik gewähren sollen, auch Erfindungen zur Schau gestellt werden. Die Schaustellung gibt die Erfindung der Allgemeinheit kund und sie fördert das Gewerbe, insofern sie das Wissen und Können der Allgemeinheit bereichert. Es findet also bei ihr in ganz ähnlicher Weise eine Leistung des Erfinders an die Allgemeinheit statt, wie dies bei einer Anmeldung der Erfindung der Fall ist, die zu ihrer Veröffentlichung führt. Als eine Anmeldung kann diese Leistung indessen nicht behandelt werden, denn die Anmeldung setzt voraus, daß in Verbindung mit der Leistung die Erteilung eines Patents als Gegenleistung beantragt wird, und die Erteilung eines Patents erfordert die Prüfung der Erfindung in einem gesetzlich geordneten Verfahren, das ohne Anmeldung nicht eingeleitet werden kann. Immerhin entspricht es aber doch der Gerechtigkeit, daß ein Erfinder, der seine Geistesschöpfung durch Schaustellung offenbart, vor einem andern, der erst nach ihm, aber durch Anmeldung, die Erfindung kundgibt, den Vorrang erhält. Es ist ferner zu berücksichtigen, daß die Schaustellung, wenn sie auch an und für sich die Neuheit der Erfindung im Sinne des § 2 des PG. nicht beseitigt, weil sie weder eine druckschriftliche Veröffentlichung ist noch auch eine offenkundige Benutzung mit Notwendigkeit in sich schließt, doch die Gefahr in sich birgt, daß infolge der Offenbarung eine druckschriftliche Veröffentlichung oder offenkundige Benutzung der Erfindung alsbald eintritt. Aber auch eine nach der Schaustellung erfolgte Veröffentlichung oder Benutzung, die mit dieser in keinem Zusammenhange steht, kann dem später anmeldenden Erfinder gerechterweise nicht entgegengehalten werden. Denn wenn die Schaustellung der Erfindung eine Leistung an die Allgemeinheit bildet, so kann diese Leistung durch einen späteren Wegfall der Neuheit nicht wieder aufgehoben werden.

Entspricht es hiernach der Gerechtigkeit, daß einem Erfinder, der seine Geistesschöpfung auf einer Ausstellung zur Schau gestellt hat, diese Schaustellung für eine spätere Anmeldung zugute kommt, so kann ihm allerdings der durch die Schaustellung erlangte Vorrang nicht für immer zuteil werden. Erlischt doch sogar der durch eine Anmeldung erworbene Vorrang mit der Erledigung der Anmeldung, so daß er für eine Erneuerung der Anmeldung nicht weiter beansprucht werden kann.

Mit Recht bestimmt daher das Gesetz vom 18. März 1904 unter Ziffer 2, daß die Schaustellung oder eine anderweitige spätere Benutzung oder eine spätere Veröffentlichung der Erfindung der Erlangung des gesetzlichen Patentschutzes nicht entgegenstehen, sofern die Anmeldung zur Erlangung dieses Schutzes von dem Aussteller oder dessen Rechtsnachfolger binnen einer Frist von sechs Monaten nach der Eröffnung der Ausstellung bewirkt wird, und daß die Anmeldung andern Anmeldungen vorgeht, die nach dem Tage des Beginns der Schaustellung eingereicht worden sind.

Dem Grunde des Gesetzes entspricht es, daß der Schutz nur für solche Ausstellungen gewährt wird, die für die Industrie eine gewisse Bedeutung haben. Das Gesetz beschränkt daher in Ziffer 1 den Schutz auf solche Ausstellungen, die durch eine Bekanntmachung des Reichskanzlers im Reichs-Gesetzblatte gekennzeichnet sind.

Macht der Aussteller von der Möglichkeit der Erlangung von Patentschutz nicht rechtzeitig Gebrauch, oder wird seine Anmeldung ohne Patenterteilung erledigt, so besteht kein Hindernis weiter, daß ein späterer Anmelder ein Patent für die gleiche Erfindung erwirbt. Die Leistung, die in der Schaustellung lag, ist dann erledigt, ohne daß die Erfindung zum Gemeingut geworden ist, und damit ist für eine andere Anmeldung die Bahn frei gemacht. Die Schaustellung ist an und für sich nicht mit Notwendigkeit neuheitschädlich, und wenn sie dies nicht ist, so steht sie einer neuen Anmeldung ebensowenig entgegen, wie die erfolgte Bekanntmachung einer früheren, später durch Patentversagung erledigten Anmeldung. —

g) Das Unionsprioritätsrecht.

1. Grundgedanke der Unionspriorität.

Der rege Verkehr, in dem die modernen Kulturstaaten untereinander stehen, und der geistige Austausch, der zwischen ihnen stattfindet, bewirkt, daß die öffentliche Kundgebung einer bisher unbekannten wertvollen Erfindung sich in ihrer Wirkung nicht auf das Gebiet des in erster Linie beteiligten Staates beschränkt. An der mit der Veröffentlichung der Erfindung verbundenen Bereicherung der Technik nehmen vielmehr neben dem Staate, in welchem die Veröffentlichung zuerst erfolgt, auch die übrigen Staaten, insofern die Kundgebung zu ihrer Kenntnis gelangt, mehr oder weniger teil. Es würde nun der Gerechtigkeit nicht entsprechen, wenn jene Staaten wohl an der Bereicherung teilnehmen, dagegen den Erfinder in seinem Anspruche auf die ihm gebührende Gegenleistung völlig schutzlos lassen würden. Bei der zunächst fast immer bestehenden Ungewißheit über die wirtschaftliche Bedeutung der Erfindung und deren Patentfähigkeit kann es den Erfindern auch nicht zugemutet werden, die Erfindung gleichzeitig in sämtlichen Kulturstaaten anzumelden, weil dies mit allzu großen Opfern verknüpft sein würde. Mit der Entwickelung des internationalen Verkehrs hat sich daher die Notwendigkeit eines internationalen Erfinderschutzes ganz von selbst ergeben. Ein solcher internationaler Erfinderschutz ist nicht nur ein Erfordernis der Gerechtigkeit, sondern entspricht auch dem Interesse eines jeden am internationalen Verkehr beteiligten Staates. Denn wenn die fremden Staaten sich gegen einen solchen Schutz völlig ablehnend verhielten, so würden die Erfinder ihrerseits, um sich vor Ausbeutung zu sichern, bestrebt sein, ihre Erfindungen möglichst geheim zu halten. Eine solche Geheimhaltung würde aber für die Industrie aller Kulturstaaten von Nachteil sein.

Diesen Gesichtspunkten haben die modernen Kulturstaaten mit der fortschreitenden Entwickelung des Verkehrs durch Abschluß von internationalen Verträgen Rechnung getragen.

Die verschiedenartige Regelung, die das Patentwesen in den einzelnen Kulturstaaten erfahren hat, und auf die die beteiligten Staaten bisher nicht haben verzichten wollen, gestattet es freilich nicht, den Anspruch des Erfinders auf Patentschutz für alle Staaten einheitlich zu regeln. Der Unionsvertrag, dem fast alle Verkehrsstaaten beigetreten sind, hat sich daher auf gewisse allgemeine Grundsätze beschränkt. Für den Anspruch des Erfinders auf Patenterteilung kommt der Art. 4 des Unionsvertrages[78]) in Betracht, welcher folgendes bestimmt:

„Derjenige, welcher in einem der vertragschließenden Staaten ein Gesuch um ein Erfindungspatent vorschriftsmäßig hinterlegt, soll zum Zwecke der Hinterlegung in den anderen Staaten während der unten bestimmten Fristen und vorbehaltlich der Rechte Dritter ein Prioritätsrecht genießen. Demgemäß soll die hiernächst in einem der übrigen Verbandsstaaten vor Ablauf dieser Frist bewirkte Hinterlegung durch inzwischen eingetretene Tatsachen, wie namentlich durch eine andere Hinterlegung, durch die Veröffentlichung der Erfindung oder deren Ausübung nicht unwirksam gemacht werden können.

Die obenerwähnte Prioritätsfrist soll 12 Monate für Erfindungspatente betragen."

Das im Art. 4 festgesetzte Prioritätsrecht ist nur unter der Voraussetzung begründet, daß der Hinterleger seiner Person nach unionsberechtigt ist, d. h. daß er entweder gemäß Art. 2 Bürger eines der vertragschließenden Staaten ist, oder daß er gemäß Art. 3 in dem Gebiete eines der Verbandsstaaten seinen Wohnsitz oder seine tatsächliche und wirkliche gewerbliche oder Handelsniederlassung hat.[79])

2. Erwerb, Bedeutung und Wirkung des Unionsprioritätsrechts.

Nach Art. 4 des Unionsvertrages sind zwei Akte zu unterscheiden:

---

[78]) Vgl. Damme: Deutsches Patentrecht S. 197 fg.; Kohler: Lehrbuch d. Patentrechts S. 218—220; Allfeld: Patentgesetz S. 705 fg.; Osterrieth u. Axter: Pariser Konvention S. 60 fg.; Osterrieth: Lehrb. d. Gew. Rechtsschutzes S. 459 fg.; Alexander-Katz im Gew. Rechtsschutz u. Urh. 1902 S. 233 fg.

[79]) Sind mehrere Personen an der Hinterlegung beteiligt, so müssen selbstverständlich sämtliche Beteiligte unionsberechtigt sein. Vgl. z. B. Seligsohn: Patentgesetz, 4. Auflage, S. 518.

1. Die Uranmeldung, die in einem der Union angehörigen Verbandsstaate (dem Urstaate) erfolgt.[80])

2. Die Nachanmeldung, die in einem der übrigen Verbandsstaaten (dem Nachstaate) erfolgt.

Die Gewährung der Unionspriorität beruht, wie wir gesehen haben, darauf, daß infolge der Entwickelung des internationalen Verkehrs die Veröffentlichung einer Erfindung sich in ihrer Wirkung über den zunächst beteiligten Staat hinaus auch auf die übrigen Kulturstaaten erstreckt. Was insbesondere das Deutsche Reich angeht, so werden schon durch die Bekanntmachung der Erfindung gemäß § 23 des PG. nicht nur die Inländer sondern auch die Ausländer in die Lage versetzt, sich von der Erfindung Kenntnis zu verschaffen, indem sie auf Grund der ihnen zugänglichen Veröffentlichung im Reichsanzeiger, selbst oder durch Mittelspersonen in die Unterlagen der Anmeldung Einblick nehmen, oder sich von den Unterlagen Abschriften erteilen lassen. Diese Bekanntmachung, die nach deutschem Rechte noch keine Veröffentlichung der Erfindung ist, verfolgt allerdings nicht den Zweck, die Erfindung zum Gemeingut zu machen, sondern sie will die Allgemeinheit, Inländer wie Ausländer, nur in die Lage versetzen, sich an der Prüfung der Patentfähigkeit zu beteiligen. Immerhin wird aber auch schon hierdurch die Kenntnis der Erfindung der Allgemeinheit zugänglich gemacht. Eine Veröffentlichung der Erfindung selbst erfolgt dann durch die Herausgabe der gedruckten Patentschrift, welche Inländer wie Ausländer über den Inhalt der Erfindung unterrichtet.

Die Anmeldung der Erfindung in Deutschland ist hiernach eine Kundgebung des Anmelders, die, insofern sie zunächst zur Bekanntmachung und sodann zur Patenterteilung führt, nicht nur das Inland, sondern auch das Ausland erfaßt, also nicht nur die inländische Industrie, sondern die Industrie der ganzen Welt bereichert und fördert. Was von der Anmeldung in Deutschland gilt, gilt im wesentlichen auch von der Anmeldung in andern Staaten.

---

[80]) Die Uranmeldung braucht nicht etwa im Heimatsstaate zu erfolgen. Vgl. z. B. Osterrieth u. Axter: Die Pariser Konvention S. 69 u. Bl. f. P. M. u. Zw. 1910 S. 231.

Nun hat allerdings nicht jede Kundgebung der Erfindung, welche die Industrie bereichert, eine rechtsbegründende Bedeutung. Vor Abschluß der internationalen Verträge insbesondere hatte die Kundgebung der Erfindung durch Anmeldung in einem Staate für die übrigen Staaten, auch wenn sie die Industrie dieser Staaten förderte, ebensowenig eine rechtsbegründende Bedeutung, wie irgend eine andere Kundgebung der Erfindung, die keine Anmeldung ist, z. B. eine außerhalb des Patenterteilungsverfahrens erfolgende druckschriftliche Veröffentlichung des Erfinders, die zwar die Allgemeinheit bereichert, dennoch aber dem Erfinder einen Anspruch auf Patenterteilung nicht verleiht.

Dies hat der Art. 4 des Unionsvertrages für Anmeldungen, die in einem Verbandsstaate erfolgen, geändert..

Allerdings hat die Uranmeldung zunächst noch nicht die Bedeutung, daß mit ihr auch in den andern Verbandsstaaten ein Anspruch auf Patenterteilung entsteht.[81]) Nach deutschem Rechte insbesondere genügt eine bloße Kundgebung der Erfindung nicht, um einen solchen Anspruch zur Entstehung zu bringen. Nach deutschem Rechte bedarf es dazu eines Antrages auf Patenterteilung,[82]) der beim deutschen Patentamte zu stellen ist. Die bloße Kundgebung der Erfindung durch Anmeldung in einem fremden Staate in Verbindung mit dem dort gestellten, auf den beteiligten Staat beschränkten Antrage auf Patenterteilung vermag die erforderliche Stellung des Antrages beim deutschen Patentamte nicht zu ersetzen. Nicht der dort gestellte Antrag auf Patenterteilung, sondern die mit ihm verbundene Kundgebung der Erfindung ist es, welche unter internationalen Schutz gestellt ist. Die Bedeutung des Antrages auf Patenterteilung beschränkt sich auf den damit befaßten Staat, und es liegt kein Grund vor, ihm über den Bereich dieses Staates hinaus Bedeutung zu verleihen. Von den beiden für eine Patentanmeldung erforderlichen Akten,[83]) nämlich einerseits dem Antrage auf Patenterteilung, andrerseits der Kundgebung der Erfindung, ist es nur der letztere, nicht der

---

[81]) Vgl. Osterrieth: Lehrb. d. gew. Rechtsschutzes S. 463.

[82]) Vgl. § 20 des PG.

[83]) Vgl. Gew. Rechtsschutz u. Urh. 1908 S. 122 u. 1910 S. 92.

erstere, welcher internationale Bedeutung hat. Der erstere Akt hat zwar insofern Bedeutung, als zu einer Patentanmeldung auch der Antrag auf Patenterteilung (das Gesuch um ein Erfindungspatent gemäß Art. 4 des Unionsvertrages) gehört, und als ohne einen solchen Antrag eine Patentanmeldung, die eine Unionspriorität begründet, überhaupt nicht vorliegt. Aber abgesehen von dieser rechtsbegründenden Bedeutung besteht kein Anlaß für andere Staaten, sich von diesem Akte berührt zu fühlen. Jeder Staat verlangt, in Übereinstimmung mit der Regelung, die der Unionsvertrag getroffen hat, daß bei ihm selbst ein Antrag auf Patenterteilung gestellt wird. Der in dem fremden Verbandsstaate gestellte Antrag bezieht sich nur auf den Staat, für den er gestellt ist; in ihm liegt nicht, daß der Patentsucher im ganzen Unionsgebiete Patentschutz zu erwerben wünscht. Würde selbst der Patentsucher einen solchen Antrag stellen, so wäre der beteiligte Staat gar nicht befugt, ihn entgegenzunehmen. Jedenfalls aber würden aus einem solchen Antrage die andern Staaten nicht die Konsequenzen ziehen, daß der Patentsucher in sämtlichen Verbandsstaaten den Antrag auf Patenterteilung gestellt hat, und daß er sich damit den für jeden einzelnen Staat geltenden Vorschriften unterworfen hat, mit der Wirkung, daß von ihm die vorgeschriebenen Gebühren einzuziehen sind und daß zum Zwecke der Erteilung des Patents ein amtliches Verfahren eingeleitet wird.

Es wäre auch nicht praktisch gewesen, wenn der deutsche Gesetzgeber der Anmeldung in einem fremden Verbandsstaate die Rechtswirkung beigelegt hätte, daß schon mit dieser Anmeldung ein Anspruch auf Patenterteilung im Deutschen Reiche begründet wäre. Denn das deutsche Patentamt ist verpflichtet, bei Prüfung der ihm vorliegenden Anmeldungen entgegenstehende Ansprüche auf Patenterteilung zu berücksichtigen. Mangels einer Mitteilung aller in fremden Verbandsstaaten eingehenden Anmeldungen wäre aber das Patentamt zu einer Berücksichtigung der aus dem Auslande stammenden Patenterteilungsansprüche gar nicht in der Lage. Das deutsche Patentamt würde also in allen ihm vorliegenden Anmeldungen mit der Patenterteilung ein Jahr warten müssen; denn es würde mit der

Patenterteilung erst dann vorgehen können, wenn es festgestellt hätte, daß entgegenstehende Anmeldungen aus andern Verbandsstaaten innerhalb der Präklusivfrist von einem Jahre nicht nachgereicht seien, ein etwa entgegenstehender Patenterteilungsanspruch aus dem Auslande also wieder erloschen sei. Allerdings wäre durch die Bekanntmachung der deutschen Anmeldung, wenn das Patentamt auf die amtliche Prüfung wegen der Unmöglichkeit der Heranziehung hätte verzichten wollen, allen fremden Anmeldern Gelegenheit geboten, ihre etwaigen entgegenstehenden Ansprüche durch Einspruch geltend zu machen. Aber auch einem Einspruche gegenüber, der auf eine nicht in Deutschland, sondern in einem fremden Verbandsstaate eingereichte Anmeldung gestützt wäre, würde das Patentamt die Entscheidung bis zum Ablaufe der Unionsfrist aussetzen müssen. Denn wenn vom fremden Anmelder die deutsche Anmeldung nicht innerhalb der Unionsfrist nachgebracht wird, so besteht kein Hindernis, dem deutschen Anmelder das nachgesuchte Patent zu erteilen.

Die Auffassung, daß durch die Anmeldung in einem fremden Verbandsstaate ein Anspruch auf Patenterteilung in Deutschland zunächst noch nicht begründet wird, findet auch im Unionsvertrage selbst ihre Bestätigung. Nach Art. 4 des Vertrages genießt der Hinterleger eines Patentgesuchs zwar ein Prioritätsrecht. Die erfolgte Hinterlegung hat jedoch an und für sich noch nicht die Bedeutung, daß sie einer späteren Hinterlegung, die von einem andern Patentsucher in einem andern Verbandsstaate eingereicht ist, für den letzteren Staat vorgeht, d. h. die Erteilung eines Patents auf diese ausschließt. Der Unionsanmelder genießt vielmehr das Prioritätsrecht nur zum Zwecke der Hinterlegung in dem anderen Staate, und erst die in dem andern Staate rechtzeitig erfolgte Hinterlegung ist nach ausdrücklicher Vorschrift des Unionsvertrages diejenige. die durch eine andere Hinterlegung aus der Zwischenzeit nicht unwirksam gemacht werden kann. Das Prioritätsrecht tritt also erst in Wirkung, wenn die Hinterlegung in dem andern Unionsstaate erfolgt ist. Erst mit dieser Nachanmeldung ist der Hinterleger berechtigt, das Unionsprioritätsrecht geltend zu machen.

Das bloße Prioritätsrecht ohne Nachanmeldung verleiht also

keinen Anspruch auf Patenterteilung, und es bildet weder einen gesetzlichen Einspruchsgrund, noch rechtfertigt es die Aussetzung der Behandlung einer im Unionsgebiete jüngeren, in Deutschland älteren Anmeldung.

Das Besondere, das der Unionsvertrag geschaffen hat, besteht vielmehr darin, daß der Kundgebung der Erfindung durch Anmeldung in einem einzelnen Verbandsstaate über das Gebiet dieses Staates hinaus für sämtliche Verbandsstaaten Rechtswirkung beigelegt ist, wogegen kein Anlaß bestand, dem Antrage auf Patenterteilung, der nur den zunächst beteiligten Staat ergreift, auch für die übrigen Verbandsstaaten rechtliche Bedeutung zuteil werden zu lassen. Die Kundgebung der Erfindung in dem zunächst beteiligten Staat führt zu einer Bereicherung auch des fremden Staates. Wegen dieser Bereicherung, die seine Industrie zu erfahren im Begriffe steht, hat der fremde Staat Veranlassung, die in der Kundgebung der Erfindung liegende Leistung als eine solche, die auf Gegenleistung Anspruch gibt, anzuerkennen. Eine solche Anerkennung ist durch den Unionsvertrag gewährleistet. Zunächst steht der Anerkennung freilich noch das Hindernis entgegen, daß der Antrag auf Erteilung des Patents im fremden Staate noch gar nicht gestellt ist. Wird indessen der Antrag innerhalb der vorgeschriebenen Frist gestellt, so besteht nach dieser Richtung auch kein Hindernis mehr, die bereits in der Uranmeldung enthaltene Kundgebung der Erfindung als eine Leistung, die auf Gegenleistung Anspruch gibt, anzuerkennen und dem Anmelder auf der Grundlage der Uranmeldung einen Anspruch auf Patenterteilung zu gewähren. Diese Rechtswirkung tritt allerdings erst mit der Einreichung der Nachanmeldung ein. Denn die Nachanmeldung ist nicht etwa bloß die Geltendmachung eines schon bestehenden Anspruches auf Patenterteilung, sondern sie ist es erst, die diesen Anspruch zur Entstehung bringt.

Bei Stellung des Antrages auf Patenterteilung im Nachstaate handelt es sich auch nicht lediglich um eine einfache Willensäußerung des Anmelders, sondern um einen Rechtsakt, welcher nur der berufenen Behörde gegenüber vorgenommen werden kann, welcher dabei an die Formvorschriften gebunden ist, die von dem beteiligten Staate als wesentliche etwa aufgestellt sind, und welcher die

Einleitung für ein amtliches Verfahren bildet, das für den Anmelder nicht immer vorteilhaft ist. Will man nichtsdestoweniger von einem bereits bestehenden Anspruche des Patentsuchers von dem Gesichtspunkte aus sprechen, daß die Kundgebung des Willens in der vorgeschriebenen Form ja allein vom Patentsucher abhängig ist, so ist ein so verstandener Anspruch des Patentsuchers jedenfalls kein Anspruch auf Patenterteilung im Sinne des § 3 Abs. 1 des Patentgesetzes, da keine von Amts wegen zu verfolgende Amtspflicht des Patentamts besteht, dem Patentsucher als Erstanmelder ein Patent zu erteilen, solange er ein Patentgesuch noch nicht eingereicht hat.

Daraus, daß ein Anspruch auf Patenterteilung gemäß § 3 Abs. 1 des PG. erst mit Einreichung der Nachanmeldung entsteht, folgt indessen nicht, daß die Nachanmeldung wie eine gewöhnliche Anmeldung zu behandeln sei. Denn mit der eingereichten Nachanmeldung wird die schon in der Uranmeldung liegende Kundgebung so, wie sie erfolgt ist, anerkannt, vor allem also auch mit den Konsequenzen, die sich aus dem Zeitpunkte der Kundgebung ergeben. Diese Konsequenzen bestehen darin, daß ein an sich neuheitsschädliches Ereignis, welches nach der Kundgebung, also nach dem Zeitpunkte der Unionsanmeldung, eingetreten ist, die Patenterteilung nicht hindert, und daß eine im Staate der Nachanmeldung vorher eingereichte Anmeldung infolge der früheren Unionspriorität an die zweite Stelle gedrängt wird, so daß ihrem Inhaber ein Anspruch auf Patenterteilung nicht mehr zusteht.

Die letztere Folge widerspricht auch keineswegs der Gerechtigkeit, denn wenn durch die frühere Anmeldung im Unionsgebiete die Erfindung bereits kundgegeben ist, so kann eine zweite Anmeldung, selbst wenn sie in einem anderen Verbandsstaate die frühere ist, die gleiche Erfindung im Sinne einer Bereicherung nur unter der Voraussetzung nochmals bringen, daß nicht die frühere Kundgebung ihrerseits diese Bereicherung zur Folge hat, und wenn der Antrag auf Patenterteilung im Nachstaate nicht früher gestellt ist, so hat dies keine Bedeutung, weil der Unionsberechtigte ein Jahr Zeit hatte, die Nachanmeldung einzureichen. Der zurückgedrängte Anmelder muß den Tatsachen weichen. Es wird nicht zu seinem Nachteil fingiert,[84]) daß die nachgereichte Anmeldung bereits zu der Zeit eingereicht sei, zu welcher die Unionsanmeldung erfolgte, sondern der Unionsanmelder ist ihm in der Kundgebung der Erfindung wirklich zuvorgekommen, und diese Vorwegnahme äußert mit demjenigen Augenblicke rechtliche Wirkung, in welchem die Nachanmeldung erfolgt ist.

Daraus, daß die Unionsanmeldung erst mit dem Zeitpunkte der Nachreichung der Anmeldung im Nachstaate einen Anspruch auf Patenterteilung begründet, ergibt sich eine Verschiedenheit in der Rechtslage des jüngeren Anmelders, je nach dem, ob ihm im eigenen Staate oder in einem andern Verbandsstaate eine Anmeldung auf die gleiche Erfindung zuvorgekommen ist. Im ersteren Falle wird ein Anspruch auf Patenterteilung zunächst nicht begründet, aber er tritt als ein gewissermaßen suspensiv bedingter in Kraft, falls die ältere Anmeldung in Wegfall kommt, ohne zur Patenterteilung zu führen. Im letzteren Falle wird ein Anspruch auf Patenterteilung zunächst begründet, aber er fällt als ein gewissermaßen resolutiv bedingter wieder weg, falls die ältere Unionsanmeldung innerhalb eines Jahres in dem gleichen Staate anhängig gemacht wird.

Tritt nun auch das Unionsprioritätsrecht erst mit der Einreichung der Nachanmeldung in Wirkung, so bildet doch die Uranmeldung kraft der vom Unionsvertrage getroffenen Regelung den Rechtsgrund dafür, daß der späteren Nachanmeldung die Unionspriorität zugestanden wird. Der Unionsvertrag sagt in Art. 4 ausdrücklich, daß derjenige, welcher in einem der vertragsschließenden Staaten ein Patentgesuch vorschriftsmäßig hinterlegt, ein Prioritätsrecht genießt, welches also schon durch diese Hinterlegung begründet wird. Dieses Prioritätsrecht besteht darin, daß dem Hinterleger (Anmelder) für den Fall rechtzeitiger Nachanmeldung in einem andern Verbandsstaate die Priorität der Uranmeldung zuteil wird. Schon durch die Uranmeldung wird dieses Prioritätsrecht begründet. Dem Uranmelder steht als solchem wegen der bloßen Tatsache seiner An-

[84]) Gegen eine solche Fiktion auch Pilenko: D. Recht des Erfinders S. 211 fg. (übersetzt von Augustin).

meldung in einem Verbandsstaate ein Prioritätsrecht für die Nachanmeldungen in andern Verbandsstaaten zu. Ob der Uranmelder zur Uranmeldung materiell berechtigt war, und ob er zur Anmeldung in den übrigen Verbandsstaaten materiell berechtigt ist, ist dabei ohne Bedeutung. Auch der dem Urheberrechte nach unberechtigte Unionsanmelder erwirbt durch die Uranmeldung das Recht zur Nachanmeldung in allen übrigen Verbandsstaaten in dem Sinne, daß auf Grund der Uranmeldung den rechtzeitig erfolgten Nachanmeldungen die Priorität der Uranmeldung zukommt. Nur ihm steht das Recht zur Nachanmeldung in diesem Sinne zu, nicht aber dem für den beteiligten Verbandsstaat materiell Berechtigten. Letzerer hat wohl das Recht zur Anmeldung, nicht aber das dem Sinne nach hiervon völlig verschiedene Recht auf Nachanmeldung. Der Unionsanmelder hingegen hat nach materiellem Rechte wegen der bloßen Tatsache seiner Uranmeldung nicht mehr und nicht weniger Recht auf Anmeldung im Nachstaate, als er auch ohne die Uranmeldung gehabt haben würde, aber nur er[85]) und kein anderer hat das Recht auf Anmeldung mit der Priorität der Uranmeldung.

Das Unionsprioritätsrecht kennzeichnet sich hiernach als ein Recht auf Nachanmeldung, das seinem Inhaber für den Fall der rechtzeitigen Nachanmeldung einen bestimmten Rang, die Unionspriorität, gewährleiset. Will man den Ausdruck „Recht" auf Nachanmeldung beanstanden, weil darunter ein materielles Recht auf Anmeldung verstanden werden könnte, so ließe sich dieser Ausdruck vielleicht durch das Wort „Anspruch" auf Nachanmeldung ersetzen. Da indessen der Unionsvertrag selbst von einem Prioritäts*rechte* spricht, so erscheint uns der gewählte Ausdruck unbedenklich, vorausgesetzt, daß der richtige Sinn dabei festgehalten wird.

Die Rechtswirkung der Unionspriorität besteht darin, daß für die Erteilung des im Nachstaate beantragten Patents die im Urstaate erfolgte Kundgebung der Erfindung als maßgebend anerkannt wird. Die Rechtswirkung beschränkt sich daher auf die Konsequenzen, die sich aus dieser Anerkennung ergeben und die

---

[85]) oder sein Rechtsnachfolger.

im Unionsvertrage ausdrücklich dahin festgestellt sind, daß für die Prüfung auf Neuheit und für das Rangverhältnis gegenüber andern Anmeldern die Unionspriorität maßgebend ist.

In allen andern Beziehungen ist die Unionspriorität ohne Bedeutung.

Insbesondere wird durch die Anerkennung der Unionspriorität die Dauer des Patents nicht beeinflußt.[86]) Die Dauer des deutschen Patents, das gemäß § 7 Abs. 1 des PG. mit dem auf die Anmeldung der Erfindung folgenden Tage zu laufen beginnt, richtet sich nach dem Antrage auf Patenterteilung, der erst mit der Nachanmeldung gestellt ist. Daß der Anmelder die Erfindung bereits durch die Uranmeldung kundgegeben hat, ist nicht maßgebend, da er hierdurch einen Anspruch auf Patenterteilung, der den Lauf eröffnet, noch nicht erlangt hat.

Auch für das Recht des Vorbenutzers gemäß § 5 des PG. ist der Antrag auf Patenterteilung, also der Zeitpunkt der inländischen Anmeldung, maßgebend.[87]) Denn diese Bestimmung will zwischen den Interessen des Erfinders und den Interessen anderer Personen, die im guten Glauben, die Erfindung benutzen zu dürfen, die zur Benutzung erforderlichen Veranstaltungen getroffen haben, einen Ausgleich schaffen. Hat der Erfinder das Recht, seine Erfindung zum Patente anzumelden, so muß von ihm auch verlangt werden, daß er von diesem Rechte alsbald Gebrauch macht. Hat die Benutzung ihren Ursprung in einer Zeit, zu der dem Erfinder noch kein Anspruch auf Patenterteilung zustand, so steht dem Benutzer das in § 5 gekennzeichnete Recht zu. Bei einer Unionsanmeldung ist also erst der Zeitpunkt der Nachanmeldung maßgebend, da erst mit diesem ein Anspruch auf Patenterteilung zur Entstehung gelangt. Die bloße Kundgebung der Erfindung ist nicht entscheidend.

Der Unionsvertrag hat die Gewährung des Prioritätsrechts noch durch die Worte „vorbehaltlich der Rechte dritter" aus-

---

[86]) So allerdings das englische Patentgesetz (1907) in Abschnitt 91 Zffr. 1.

[87]) Ebenso Damme: Deutsches Patentrecht S. 360; A. M. z. B. Osterrieth: Lehrb. d. gew. Rechtsschutzes S. 463. Vgl. auch Reichsgericht im Bl. f. P. M. u. Zw. 1910 S. 113 fg.

drücklich beschränkt. Selbstverständlich sollte mit dieser Beschränkung nicht gesagt sein, daß spätere Anmelder, die dem Unionsanmelder in einem einzelnen Verbandsstaate zuvorgekommen sind, in ihrem Anspruche auf Patenterteilung durch den Unionsanmelder nicht ausgeschlossen werden. Eine solche Auffassung würde dem Zwecke des Unionsvertrages, der den Unionsanmeldern für die Dauer eines Jahres einen vollen, durch Konkurrenz nicht geschmälerten Vorsprung einräumen wollte, widersprechen. Es ist daher auch aus der negativen Fassung „nicht unwirksam gemacht werden können" nicht etwa zu folgern, daß der Unionsanmelder n e b e n dem späteren Anmelder ein Patent erhält, indem seine Anmeldung durch die andere Anmeldung nicht unwirksam gemacht wird, aber andrerseits die Patenterteilung auf die andere Anmeldung nicht ausschließt. Eine solche Doppelpatentierung zu sanktionieren, hat dem Unionsvertrage gewiß fern gelegen. Die Fassung „nicht unwirksam gemacht werden können" ist vielmehr nur deshalb gewählt, um mit Rücksicht auf die gleichzeitig in Betracht kommenden neuheitsschädlichen Tatsachen eine gemeinsame Fassung zu ermöglichen. Die Worte vorbehaltlich der Rechte dritter hingegen sind nur als eine gewöhnliche Sicherheitsklausel zu betrachten, durch die verhindert werden soll, daß die Ausnahmebestimmung des Unionsvertrages über ihren eigentlichen Zweck hinaus ausgelegt wird und in die wohlerworbenen Rechte dritter eingreift.

Erfolgt im Anschlusse an eine Unionsanmeldung rechtzeitig die Nachanmeldung in einem einzelnen Verbandsstaate, so enthält diese Nachanmeldung, wenn sie auch für den beteiligten Verbandsstaat die eigentliche Anmeldung bildet, doch keine neue Kundgebung der Erfindung. Die Kundgebung der Erfindung ist bereits durch die Unionsanmeldung erfolgt und diese Kundgebung wird dadurch, daß in dem einzelnen Verbandsstaate der Antrag auf Patenterteilung in Verbindung mit den etwa erforderlichen Formalitäten hinzutritt, zur rechtswirksamen, auf Gegenleistung Anspruch gebenden Kundgebung. Für alle rechtzeitig erfolgten Nachanmeldungen ist also die Unionspriorität ohne weiteres begründet. Einer besonderen Inanspruchnahme des Unionsprioritätsrechts bedarf es nicht. Denn das Unionprioritätsrecht gebührt demjenigen, dessen Anmeldung den Erfordernissen des Unionsvertrages genügt, von Rechts wegen, und es tritt mit der Nachanmeldung ganz von selbst und von Rechts wegen in Wirkung, ohne daß es eines weiteren Aktes als des Aktes der Nachanmeldung bedarf.[88])

Dem Unionsanmelder liegt es allerdings ob, sein Unionsprioritätsrecht bei der Nachanmeldung erforderlichenfalls zur Geltung zu bringen, indem er auf dieses Recht hinweist, aber ein solcher Hinweis auf das Prioritätsrecht hat keine rechtliche, sondern nur informatorische Bedeutung. Denn da das mit der Nachanmeldung befaßte Patentamt nicht verpflichtet ist, sein Unionsprioritätsrecht zu kennen, so ist es Sache des Anmelders, das Patentamt über dieses Recht zu informieren. Der Anmelder muß daher zum Beweise des Rechts die erforderlichen Belege in der dafür vorgeschriebenen Form[89]) beibringen. Unterläßt er dies, so kann er sich nicht beklagen, wenn sein Prioritätsrecht nicht die ihm gebührende Berücksichtigung findet. Er steht dann wie jeder andere da, der es unterlassen hat, für sein gutes Recht die erforderlichen Beweise beizubringen. Die Existenz des Prioritätsrechts ist daher auch von dessen ausdrücklicher Anerkennung im Patenterteilungsverfahren nicht abhängig. Sind dem Patentamte patenthindernde Tatsachen aus der Zeit vor der Nachanmeldung nicht bekannt, so hat das Patentamt keine Veranlassung, sich mit der Prüfung der Unionspriorität zu befassen. Ergibt sich

---

[88]) Daraus, daß der eingereichten Nachanmeldung und dem darauf erteilten Patente die Unionspriorität von Rechts wegen zukommt, folgt, daß nicht nur der Unionsberechtigte selbst, sondern auch ein Dritter sich auf diese Priorität berufen kann. Dies wird klar, wenn man sich den Fall vergegenwärtigt, daß auf die gleiche Erfindung zwei Patente, das eine dem älteren deutschen Anmelder, das andere dem älteren Unionsanmelder, erteilt sind. Ein Dritter, der diese Doppelpatentierung zu beseitigen wünscht, kann gegen den Unionsanmelder nicht vorgehen, weil dieser sich mit Recht auf seine frühere Unionspriorität berufen würde; er kann aber das andere Patent als nichtig mit Erfolg angreifen, indem er sich auf die Unionspriorität des entgegenstehenden Patents beruft.

[89]) Über die erforderliche Form vgl. die Bekanntmachung des Patentamts im Bl. f. P. M. u. Zw. 1903 S. 129 VII.

später, z. B. im Nichtigkeitsverfahren, die Notwendigkeit einer Prüfung des Unionsprioritätsrechts, so ist es dem Patentinhaber unbenommen, sich nunmehr auf dieses bisher gar nicht zur Berücksichtigung gekommene Recht zu berufen. Andrerseits hat selbst die Anerkennung des Unionsprioritätsrechts im Patenterteilungsverfahren keine endgültige Bedeutung.[90]) Die bloße Anerkennung verhilft daher dem Patentinhaber in einem späteren Nichtigkeitsverfahren noch nicht zum Siege. Wird ihm sein Recht vom Gegner bestritten, so muß er die von der beteiligten Instanz für erforderlich erachteten Beweise beibringen, und die Entscheidung über die Existenz oder Nichtexistenz des Rechts erfolgt ohne Rücksicht auf dessen Anerkennung im Erteilungsverfahren.

3. Das Erfordernis der Erstanmeldung.

Die prioritätsbegründende Wirkung für das gesamte Unionsgebiet kommt nur der Erstanmeldung[91]) zu. Denn die Unionspriorität gebührt dem Anmelder deshalb, weil die Anmeldung die Kundgebung der Erfindung enthält, infolge deren die Allgemeinheit eine Bereicherung erfährt oder zu erfahren im Begriff steht, die sich nicht auf das Gebiet des einzelnen Staates beschränkt, sondern auch die übrigen Kulturstaaten einbegreift.[92]) Meldet der Anmelder seine Geistesschöpfung demnächst noch in einem zweiten und dritten Staate an, so enthalten diese Anmeldungen keine neue Kundgebung mehr, sondern sie sind nur noch die Stellung des Antrags auf Patentschutz in dem beteiligten Staate, indem kraft des Unionsvertrages mit vorschriftsmäßiger Stellung dieses Antrages die bereits früher erfolgte Kundgebung als eine

---

[90]) Vgl. Patentamt im Bl. f. P. M. u. Zw. 1907 S. 105.

[91]) So das Patentamt im Bl. f. P. M. u. Zw. 1907 S. 173, 1908 S. 109 u. S. 181, 1910 S. 134, ferner im Markenschutz u. Wettbewerb 1910 S. 235; Osterrieth u. Axter: Pariser Konvention S. 73; Kohler: Lehrbuch S. 221. Wie das deutsche Patentamt auch das österreichische: Österr. Pbl. 1910 S. 371; A. M. Lemke im Gew. Rechtsschutz u. Urh. 1907 S. 262 fg.; Seligsohn: Patentgesetz, 4. Auflage, S. 520 u. die dort Zitierten. Vgl. auch Gew. Rechtsschutz u. Urh. 1903 S. 118. u. 119.

[92]) Damme: D. Patentrecht S. 214.

dem Gesetze entsprechende Leistung anerkannt wird. Diese vorschriftsmäßigen Nachanmeldungen haben keine andere Priorität als die mit ihrer Einreichung in Wirkung tretende Unionspriorität. Sie vermögen also eine neue Unionspriorität nicht zu begründen, und da die Bereicherung der Allgemeinheit im universalen Sinne bereits durch die Erstanmeldung eingeleitet ist, so liegt auch kein innerer Grund vor, ein Unionsprioritätsrecht an sie zu knüpfen.

Es würde auch dem Grundgedanken des Unionsvertrages zuwiderlaufen, wenn der Anmelder durch jede weitere Anmeldung in einem der Verbandsstaaten von neuem für die Dauer eines Jahres ein Unionsprioritätsrecht erwerben würde. Denn offenbar ist es nur die Absicht des Unionsvertrages, daß der Anmelder, der in einem Verbandsstaate angemeldet hat, ein Jahr Zeit haben soll, um auch in den übrigen Verbandsstaaten die Anmeldung zu bewirken. Dagegen wollte der Unionsvertrag dem Anmelder ein unbegrenztes Prioritätsrecht nicht gewähren. Die Beschränkung auf die Dauer eines Jahres sollte verhindern, daß der Anmelder die Anmeldung in den einzelnen Verbandsstaaten über die Gebühr verzögert. Ein volles Jahr erschien als ausreichende Frist, innerhalb welcher der Anmelder in sämtlichen Einzelstaaten seine Anmeldung zu bewirken hat. Diese Beschränkung auf die Dauer eines Jahres wäre aber praktisch bedeutungslos, wenn der Anmelder es in der Hand hätte, durch rechtzeitige Anmeldung in einem der Verbandsstaaten immer von neuem wieder ein volles Jahr Frist zu gewinnen.

Der Anmelder kann den Charakter einer Anmeldung, die an und für sich eine Nachanmeldung ist, auch nicht dadurch ändern, daß er für diese Anmeldung auf die Unionspriorität verzichtet, indem er durch diesen Verzicht bezweckt, sich für andere Staaten eine neue Unionspriorität zu sichern. Eine solche Rechtsfolge des Verzichts würde mit dem Grundgedanken des Unionsvertrages in Widerspruch stehen.

Wird die Erstanmeldung zurückgenommen oder zurückgewiesen, ohne daß es zur Veröffentlichung der Erfindung gekommen ist, so ist damit der Grund hinweggefallen, aus welchem dem Anmelder ein Unionsprioritätsrecht zugestanden ist. Denn wenn die Allgemeinheit von der Geistesschöpfung des Erfinders nichts erfährt und von ihr deshalb keinen Vorteil hat, so liegt auch kein Grund vor, der ergebnislos verlaufenen Anmeldung noch ferner rechtliche Bedeutung beizulegen. Indessen entspricht diese Konsequenz nicht der Regelung, die der Unionsvertrag getroffen hat. Die gesetzliche Logik muß praktischen Rücksichten weichen. Bei der Verschiedenartigkeit der in den beteiligten Verbandsstaaten geltenden Patentgesetze mußte der Unionsvertrag sich damit begnügen, den allgemeinen Grundsatz aufzustellen, daß die vorschriftsmäßige Hinterlegung des Patentgesuchs das Unionsprioritätsrecht begründet. Es wäre nicht praktisch gewesen, wenn das Fortbestehen dieses Prioritätsrechts von dem weiteren Schicksal der Uranmeldung abhängig gemacht worden wäre. Denn alsdann hätte z. B. die in Deutschland vielleicht erst nach mehreren Jahren auf Grund eines Einspruchs wegen offenkundiger Vorbenutzung im Inlande erfolgende Versagung des Patents das Erlöschen der Priorität in anderen Staaten zur Folge gehabt, in denen das Patent vielleicht längst erteilt wäre. Ebenso ungerechtfertigt wäre es gewesen, wenn an die wegen versäumter Zahlung der ersten Jahresgebühr gemäß § 4 Abs. 1 des PG. gesetzlich fingierte Zurücknahme der Anmeldung das Erlöschen der Unionspriorität in den andern Verbandsstaaten geknüpft worden wäre.

Mit Recht hat daher der Unionsvertrag davon abgesehen, das mit der Uranmeldung entstehende Unionsprioritätsrecht von dem weiteren Schicksale dieser Anmeldung abhängig zu machen. Die Unstimmigkeit, welche darin liegt, daß nach dem Unionsvertrage ein Prioritätsrecht in den übrigen Verbandsstaaten selbst dann noch weiter besteht, wenn die Uranmeldung ergebnislos verlaufen ist und damit feststeht, daß eine Bereicherung der Allgemeinheit auf Grund der Uranmeldung nicht stattfindet, findet eine gewisse Abschwächung einmal darin, daß das Prioritätsrecht erlischt, wenn es nicht innerhalb eines Jahres zur Nachanmeldung kommt, und ferner darin, daß eine Patentanmeldung, auch wenn sie nicht zur Veröffentlichung führt, doch immerhin eine Kundgebung der Erfindung im Gegensatze zu ihrer Geheimhaltung bildet, und daß eine bedeutende Erfindung, wenn sie auch nur dem Patentamte offenbart ist, doch auf die Dauer schwerlich verborgen bleibt.[93])

Der Grundsatz, daß nur die erste Anmeldung eine Unionspriorität begründet, schließt nicht nur die Erlangung eines neuen Unionsprioritätsrechts durch Nachanmeldungen, die in andern Verbandsstaaten erfolgen, aus, sondern er schließt auch für eine zweite und weitere Anmeldung, die derselbe Anmelder im Urstaate folgen läßt, die Unionspriorität aus. Denn die Kundgebung der Erfindung ist bereits durch die erste Anmeldung bewirkt, und es würde dem Grundgedanken des Unionsvertrages widersprechen, wenn dem Anmelder auf die zweite Kundgebung, die nichts anderes als die erste, also genau genommen überhaupt keine Kundgebung ist, von neuem, also für ein neu beginnendes Jahr, ein Prioritätsrecht gewährt würde. Aus dem gleichen Grunde gewährt ja die zweite Anmeldung auch im Urstaate selbst keinen Anspruch auf Patenterteilung, weil ihr die erste Anmeldung ausschließend entgegensteht. Fällt freilich die erste Anmeldung im Urstaate fort, ohne zur Patenterteilung geführt zu haben, so rückt alsdann der Anmelder mit seiner zweiten Anmeldung an die erste Stelle, und er erlangt damit den Anspruch auf Patenterteilung für seine zweite Anmeldung. Anders verhält es sich aber mit dem Unionsprioritätsrecht. Denn wie wir bereits gesehen haben, ist dieses Prioritätsrecht vom Wegfall der Uranmeldung unabhängig; es bleibt, trotz Wegfalls der Uranmeldung, fortbestehen. Das Erlöschen der ersten Uranmeldung ist also auf die Unionsprioritätsverhältnisse ohne Einfluß, und da sich in der Rechtslage gar nichts ändert, so ergibt sich auch kein Grund, weshalb mit Wegfall der ersten Anmeldung ein Unionsprioritätsrecht für die zweite Anmeldung desselben Anmelders zur Entstehung kommen soll. Das Prioritätsrecht auf Grund der ersten Anmeldung bleibt auch nach deren Erlöschen fortbestehen, und die in andern Verbandsstaaten rechtzeitig eingereichten Nachanmeldungen erhalten die Priorität der ersten, nicht der zweiten Anmeldung im Urstaate. Aber selbst nach

---

[93]) Vgl. hierzu Abschnitt 91 Zffr. 3a des englischen Patentgesetzes (1907).

Ablauf der Frist von einem Jahre vermag derselbe Anmelder durch eine zweite Anmeldung, d. h. durch eine zweite Kundgebung, die nichts anderes ist, als eine Wiederholung der früheren Kundgebung, ein Unionsprioritätsrecht nicht nochmals zu erwerben, da ihm ein solches Recht für diese Kundgebung bereits voll zuteil geworden ist und er es sich selbst zuzuschreiben hat, wenn er von seinem Rechte nicht rechtzeitig Gebrauch gemacht hat. —

Hat nach dem Erstanmelder ein anderer, der die gleiche Erfindung gemacht hat, seine Geistesschöpfung erstmalig in Deutschland angemeldet, so hat er damit einen Anspruch auf Patenterteilung gemäß § 3 Abs. 1 des PG. nicht erworben, weil er durch den älteren Anmelder ausgeschlossen ist. Meldet er aber auch in einem anderen Verbandsstaate an, so wird ihm die ältere deutsche Anmeldung erst dann hinderlich, wenn der ältere Anmelder die Erfindung gleichfalls in diesem Verbandsstaate rechtzeitig anmeldet und damit sein Unionsprioritätsrecht zur Wirkung bringt. Solange letzteres nicht geschehen ist, gereicht es ihm nicht zum Nachteil, daß die gleiche Erfindung im Unionsgebiete schon früher kundgegeben ist. Dieser zweite Uranmelder ist aber, im Verhältnis zu einem dritten Anmelder, im Unionsgebiete der ältere Kundgeber, und er vermag deshalb durch eine Nachanmeldung diesen dritten, selbst wenn dieser ihm im Nachanmeldestaate zuvorgekommen ist, nach Unionsrecht auszuschließen. Daß ein älterer Anmelder schon vor ihm im Unionsgebiet die gleiche Erfindung kundgegeben hat, hindert nicht, daß auch ihm auf Grund seiner Kundgebung im Urstaate ein Unionsprioritätsrecht zuteil wird. Denn es muß damit gerechnet werden, daß Anmeldungen nicht den Erfolg haben, die Erfindung zum Gemeingut zu machen. Wird die erste Anmeldung im Urstaate ohne Bekanntmachung abgewiesen oder zurückgenommen und in andern Verbandsstaaten gar nicht anhängig gemacht, so ist diese Anmeldung damit vollständig beseitigt und für die zweite Anmeldung die gleiche Sachlage gegeben, als ob diese ohne eine voraufgegangene Anmeldung eingereicht sei. Die Erwägungsgründe, die für die Anerkennung der Unionspriorität maßgebend sind, treffen also auf sie in gleicher Weise zu. Es hat deshalb nicht nur die erste, sondern auch die zweite und eine weitere Anmeldung, insofern sie ihrerseits die Aufgabe, die Erfindung vorbehaltlich des zunächst zu erteilenden Patents zum Gemeingut zu machen, zu erfüllen vermag, selbständige Berechtigung. Dies ist ja auch für Anmeldungen, die in dem gleichen Staate erfolgen, anerkannt. Es ist deshalb ganz konsequent, wenn auch für das Unionsgebiet den späteren Anmeldungen anderer Anmelder die Unionspriorität gewährt wird, die freilich nur insoweit zur Geltung kommt, als ihr die frühere Anmeldung nicht hindernd entgegensteht. Hiermit steht es nun allerdings nicht ganz im Einklange, daß einer zweiten und dritten Anmeldung desselben Anmelders die Unionspriorität nicht zukommt. Aber diese Abweichung beruht auf der besonderen Regelung des Unionsvertrages, dessen Zweck es nicht zuläßt, daß ein und derselbe Anmelder, der als solcher das Unionsprioritätsrecht voll und ungeschmälert genießt, durch Wiederholung der Kundgebung die Unionsfrist beliebig verlängern kann. Der zweite Anmelder hingegen erlangt durch seine Uranmeldung ein Unionsprioritätsrecht. Reicht er in einem andern Verbandsstaate rechtzeitig die Nachanmeldung ein, so kommt es darauf an, ob ihm der ältere Unionsanmelder in diesem Staate bereits zuvorgekommen ist, oder innerhalb der Frist noch zuvorkommt. Liegt dieser Fall nicht vor, so kommt das Unionsprioritätsrecht des zweiten Unionsanmelders zur Geltung. Neuheitsschädliche Tatsachen aus der kritischen Zeit sind ihm dann nicht hinderlich, und andere Anmelder, die ihm in diesem Staate zwar zuvorgekommen, der Unionspriorität nach aber jünger sind, müssen zurücktreten.

Der zweite Uranmelder erwirbt ein Unionsprioritätsrecht nicht nur dann, wenn die von ihm angemeldete mit der früheren sich deckende Erfindung die Geistesschöpfung eines andern Erfinders ist, sondern selbst dann, wenn es sich um eine und dieselbe Geistesschöpfung handelt. Denn nach deutschem Rechte wird die Berechtigung zur Anmeldung nicht von Amts wegen geprüft. Sache der Beteiligten ist es vielmehr, die Verletzung des Urheberrechts auf dem dafür vorgeschriebenen Wege zum Austrag zu bringen. An und für sich wird daher nach deutschem Recht auch durch unberechtigte Anmeldungen ein Unionsprioritätsrecht erworben und dies gilt nicht weniger von solchen Anmeldungen, die mit Zustimmung des Berechtigten eingereicht sind. Kann hiernach ein Anmelder zwar nicht durch mehrere aufeinanderfolgende eigene Anmeldungen mehrere Unionsprioritätsrechte erwerben, so kann er sich doch praktisch in manchen Fällen mehrere Prioritäten dadurch sichern, daß er die folgenden Anmeldungen durch vorgeschobene Personen bewirken läßt. Dem Rechte nach erwirbt dann aber nicht der Hintermann die verschiedenen Unionsprioritätsrechte, sondern die vorgeschobenen Personen erwerben als Anmelder jeder ein eigenes Recht. Sache der Beteiligten ist es dann, sich nach den geltenden Rechtsgrundsätzen auseinander zu setzen. Die patenterteilende Behörde insbesondere vermag dem Berechtigten im Streitfalle nicht zu seinem Rechte zu verhelfen.

Hat der Anmelder die Uranmeldung fallen lassen, oder ist er mit derselben abgewiesen, so kann er aus einer Nachanmeldung eine Priorität für eine Neuanmeldung im Urstaate nicht ableiten. Nur durch eine Uranmeldung, nicht durch Nachanmeldungen werden Unionsprioritätsrechte begründet, und es ist nicht der Zweck des Unionsvertrages, einen Anmelder vor den nachteiligen Folgen des Verfalls seiner Anmeldung zu bewahren.

Ist in einem Nachstaate eine Nachanmeldung eingereicht, so gilt hier als Anmeldung die Kundgebung der Erfindung im Urstaate in Verbindung mit dem in der Nachanmeldung gestellten Antrage auf Patenterteilung. Denn die im Urstaate erfolgte Kundgebung ist es, welche die Unionspriorität für die Nachanmeldung begründet. Wird diese Nachanmeldung abgewiesen oder zurückgenommen, so kann der Anmelder in diesem Staate eine weitere Anmeldung nicht mehr als Nachanmeldung einreichen, denn durch die erfolgte Abweisung oder Zurücknahme ist nicht nur der Antrag auf Patenterteilung, sondern zugleich die mit diesem verbundene Kundgebung der Erfindung in der Uranmeldung ihrer Wirkung nach beseitigt. Ebensowenig wie ein Anmelder nach Abweisung seiner gewöhnlichen Anmeldung den Antrag auf Patenterteilung auf Grundlage der früheren Kundgebung mit deren Priorität wiederholen kann, ebensowenig kann er die Uranmeldung zur Grundlage einer zweiten Nachanmeldung in demselben Staate machen. Erneute Anträge auf Patenterteilung haben nur die Priorität der mit ihnen wiederholten Kundgebung.

Ist die Erstanmeldung in zwei Verbandsstaaten gleichzeitig eingereicht, so wird dadurch für alle übrigen Verbandsstaaten ein Unionsprioritätsrecht begründet. Ob der Unionsberechtigte sich dabei auf die Uranmeldung im Staate a oder auf diejenige im Staate b stützt, ist ohne besondere Bedeutung. Ist die Anmeldung im Staate a abgewiesen, so kann er für eine neue Anmeldung im Staate a nicht die Unionspriorität seiner Anmeldung im Staate b in Anspruch nehmen. Denn, faßt man die erste Anmeldung im Staate a als Uranmeldung auf, so muß die erste Anmeldung im Staate b als Nachanmeldung gelten, und folglich kann der Anmelder eine Unionspriorität aus ihr nicht ableiten. Faßt man sie hingegen als Nachanmeldung und folglich die im Staate b erfolgte Anmeldung als Uranmeldung auf, so ist die später erfolgte Anmeldung als zweite Nachanmeldung nicht zulässig, d. h. sie hat nicht die Unionspriorität, sondern nur die ihr nach dem Zeitpunkte der Einreichung zukommende eigene Priorität. Der Anmelder kann nicht verlangen, daß beide Anmeldungen nebeneinander als Uranmeldungen gelten, ebensowenig wie sie beide als Nachanmeldungen gelten können.

4. Erfordernis der Übereinstimmung zwischen Uranmeldung und Nachanmeldung.

Wie von uns bereits ausgeführt wurde, hat die erste Kundgebung der Erfindung, die durch Hinterlegung eines Patentgesuchs in einem der Union angehörigen Staate durch einen Unionsberechtigten erfolgt, für das ganze Unionsgebiet die Wirkung, daß, wenn in einem der übrigen Verbandsstaaten der Antrag auf Patenterteilung innerhalb eines Jahres gestellt wird, diese Nachanmeldung die Priorität der Uranmeldung erhält. Stellt der Prioritätsberechtigte durch Nachanmeldung den Antrag auf Patenterteilung, so muß er natürlich die Erfindung, für welche er

Patentschutz begehrt, durch Beschreibung kennzeichnen. Diese Beschreibung kann aber, soweit eine Nachanmeldung vorliegen soll, nur in der Wiedergabe der in der Uranmeldung enthaltenen Beschreibung bestehen. Beide Beschreibungen müssen, wenn auch nicht formell, so doch inhaltlich, übereinstimmen. Die neue Beschreibung hat keine selbständige Bedeutung; sie kann, sofern die Unionspriorität begründet sein soll, nur die schon in der Uranmeldung kundgegebene Erfindung darstellen. Die hiernach gebotene Übereinstimmung bedingt Identität der Erfindung. Aber nicht nur die Erfindung als solche muß die gleiche sein, sondern die Erfindung muß dieselbe Geistesschöpfung zur Grundlage haben. Mit der Anmeldung einer Erfindung wird nicht nur die Prüfung der Erfindung (im objektiven Sinne) auf Patentfähigkeit begehrt, sondern es wird zugleich ein Urheberrecht geltend gemacht. Dieses Urheberrecht wird in Deutschland zwar nicht von Amts wegen geprüft, es kann aber durch Einspruch angegriffen und sogar nach der Patenterteilung noch Gegenstand des Streits werden. Ist von einem Anmelder A. in der Uranmeldung die Geistesschöpfung des B. angemeldet, und reicht A. in einem anderen Verbandsstaate die Nachanmeldung ein, so kann er sich einem Entnahmeeinspruch des B. gegenüber nicht darauf berufen, daß er vor der Nachanmeldung von der gleichen Erfindung eines andern Selbsterfinders Kenntnis erhalten und des letzteren Geistesschöpfung im Nachstaate angemeldet habe. Durch einen solchen Einwand würde sich der Nachanmelder mit der geschaffenen Rechtslage in Widerspruch setzen. Das durch die Nachanmeldung verfolgte Urheberrecht kann kein anderes sein als dasjenige, welches auch der Uranmeldung zugrunde liegt.

Geht die Nachanmeldung über den Gegenstand der Uranmeldung hinaus oder deckt sie sich mit dieser nur teilweise, so tritt das Unionsprioritätsrecht nur insoweit in Wirkung, als Identität vorliegt. Dagegen ist die Nachanmeldung, insoweit sie etwas anderes bringt, eine Uranmeldung, und sie begründet daher insoweit auch ein Unionsprioritätsrecht. Es liegen alsdann nicht zwei sich widersprechende Prioritäten vor, sondern jeder Teil hat seine besondere Priorität. Dies ist zulässig, sofern der für den Beginn des Patents maßgebende Nachanmeldeantrag derselbe ist.[94]) Soweit Uranmeldung und Nachanmeldung sich nicht decken und deshalb verschiedene Prioritäten begründet sind, ist auch Identität der Geistesschöpfung nicht erforderlich.

Die Entstehung des Unionsprioritätsrechts setzt nach Art. 4 des Unionsvertrages die Hinterlegung eines Patentgesuchs voraus. Also nicht die bloße Kundgebung der Erfindung in einem Verbandsstaate, sondern nur die mit dem Antrage auf Patenterteilung verbundene Kundgebung bringt das Unionsprioritätsrecht zur Entstehung. Bildet nun auch, wie von uns bereits ausgeführt wurde, nicht der gestellte Antrag auf Patenterteilung als solcher, der sich auf den beteiligten Staat beschränkt, sondern die damit verbundene Kundgebung der Erfindung die eigentliche Grundlage für das Prioritätsrecht, so genügt doch andrerseits die bloße Kundgebung der Erfindung für sich allein nicht. Die Kundgebung muß vielmehr durch den Antrag auf Patenterteilung gedeckt sein. Im allgemeinen ist zwar zu unterstellen, daß der Antrag auf Patenterteilung sich auf den gesamten Inhalt der Beschreibung bezieht.[95]) Ist aber aus der Beschreibung oder aus dem Antrage ersichtlich, daß diese Annahme nicht zutrifft, so kann der vom Antrage nicht betroffene Teil der Beschreibung auch nicht die Grundlage für ein Unionsprioritätsrecht bilden, zumal für sie ja nicht einmal in dem beteiligten Staate selbst eine Priorität begründet wird.

5. Indifferente Anmeldungen.

Eine Anmeldung, die in einem nicht zur Union gehörigen Staate erfolgt, ist für das Unionsprioritätsrecht ohne Bedeutung. Durch eine solche Anmeldung wird ein Unionsprioritätsrecht niemals erlangt, und sie schließt, selbst wenn sie eine Erstanmeldung ist, den Erwerb des Unionsprioritätsrechts durch eine zweite, in einem Verbandsstaate erfolgende Anmeldung, die als solche im Unionsgebiete die erste ist, nicht aus. Die außerhalb der Geltung

[94]) So die deutsche und die österreichische, anders die ungarische Praxis. Vgl. Bl. f. P. M. u. Zw. 1910 S. 112—13 und Österr. Patentblatt 1910 S. 1092; ferner Alexander Katz im Gew. Rechtsschutz u. Urh. 1902 S. 236.

[95]) Vgl. Gew. Rechtsschutz u. Urh. 1910 S. 92.

des Unionsvertrages erfolgende Anmeldung ist für das Unionsrecht eine indifferente Anmeldung.

Eine indifferente Anmeldung liegt auch dann vor, wenn die Anmeldung zwar in einem Unionsstaate, aber seitens eines der Person nach nicht unionsberechtigten Anmelders eingereicht ist. Eine indifferente Anmeldung liegt ferner vor, wenn der Anmelder seiner Uranmeldung eine zweite Anmeldung im Urstaate folgen läßt, weil diese weder von neuem ein Unionsprioritätsrecht begründet, noch auch eine Nachanmeldung ist, oder, wenn der Anmelder der Nachanmeldung eine weitere Anmeldung in demselben Staate folgen läßt, oder endlich, wenn in denjenigen Staaten, die eine Geltendmachung des Prioritätsrechts zugleich mit der Nachanmeldung verlangen, die nachgereichte Anmeldung unter Versäumung rechtzeitiger Geltendmachung dieses Rechts erfolgt.

6. Übertragung des Unionsprioritätsrechts.

Das dem Uranmelder zustehende Recht auf Nachanmeldung ist unter Lebenden und von Todes wegen übertragbar.[96]) Es ist also nicht erforderlich, daß der Uranmelder die Nachanmeldung selbst bewirkt. Er kann in die durch die Uranmeldung erlangte Rechtsstellung auch einen andern eintreten lassen, und zwar sowohl für einen einzelnen wie für mehrere oder alle Verbandsstaaten, vorausgesetzt, daß auch in der Person des Rechtsnachfolgers die besonderen Bedingungen des Unionsvertrages erfüllt sind.

Die Übertragung des Rechts auf Nachanmeldung hat mit dem materiellen Rechte auf Anmeldung an und für sich nichts zu tun. Hat z. B. ein Erfinder das materielle Recht auf Anmeldung seiner Geistesschöpfung für den Staat a dem A., für den Staat b dem B. übertragen, und für die übrigen Verbandsstaaten sich selbst vorbehalten, und meldet nunmehr zunächst A. im Staate a an, so kann er die damit für die übrigen Verbandsstaaten begründete Priorität auf andere, insbesondere also auf B. und auf den Erfinder, die noch nicht angemeldet haben, übertragen. Nur durch

[96]) Vgl. Karsten: Die Übertragbarkeit des Prioritätsrechts in den Mitteilungen v. Verband d. Patentanwälte 1906 S. 17 fg.

eine solche Übertragung erlangen B. oder der Erfinder für eine von ihnen demnächst eingereichte Anmeldung die Unionspriorität der Anmeldung des A. Es mag seltsam erscheinen, daß hier eine Übertragung erforderlich ist, da doch nach materiellem Recht gerade der Übertragende zur Anmeldung im Nachstaate nicht berechtigt und der Empfangende der dazu Berechtigte ist. Aber diese Eigentümlichkeit beruht eben darauf, daß das Recht auf Nachanmeldung von der Berechtigung zur Anmeldung scharf zu unterscheiden ist. Aus dem materiellen Rechte des Erfinders auf Anmeldung folgt nicht, daß ihm auch ein Recht auf Nachanmeldung zusteht. Ein solches Recht muß er entweder durch Uranmeldung selbst erwerben, oder er muß sich das von einem andern Uranmelder erworbene Recht übertragen lassen, da kein Rechtsgrund ersichtlich ist, weshalb er sich das Recht eines andern ohne weiteres zunutze machen könnte.

Die Rechtsnachfolge bewirkt, daß der Rechtsnachfolger im Rechte auf Nachanmeldung an die Stelle des Uranmelders tritt.

Der Rechtsnachfolger vermag dadurch, daß er an Stelle des Uranmelders die Nachanmeldung einreicht, nicht mehr Rechte zu begründen, als der Uranmelder durch eine eigene Anmeldung begründet hätte. Die Einreichung der Nachanmeldung durch den Rechtsnachfolger hat also nicht die Bedeutung, daß dadurch ein neues Unionsprioritätsrecht begründet wird. Denn die Rechtsnachfolge hat nur bewirkt, daß der Rechtsnachfolger die Leistung, die in der Kundgebung der Erfindung im Urstaate lag, in Beziehung auf den in Betracht kommenden Nachstaat für sich in Anspruch nehmen kann. Die Nachanmeldung enthält keine neue Leistung. Ebensowenig wie sie zum Nachteil des Rechtsnachfolgers in dem mit ihr befaßten Staate eine neue Priorität begründet, begründet sie zu seinen Gunsten in den übrigen Verbandsstaaten eine neue Unionspriorität.

Der Uranmelder muß dem Nachfolger sein Recht übertragen. Es genügt nicht, daß er zur Nachanmeldung des andern seine Zustimmung erteilt oder die Nachanmeldung des andern nachträglich genehmigt. Der Rechtsakt muß also ein solcher sein, daß der Uranmelder sich dadurch des Rechts auf Nachanmeldung entäußert, während der Nachfolger dieses Recht erwirbt. Eine bloße Zustimmung würde nicht ausschließen, daß der Uranmelder selbst noch innerhalb der Frist die Nachanmeldung bewirken könnte, und es würden alsdann zwei Prätendenten für die gleiche Unionspriorität auftreten.

Die Übertragung des Rechts auf Nachanmeldung muß der Nachanmeldung des Rechtsnachfolgers voraufgehen.[97]) War die Übertragung zur Zeit der Anmeldung, die als Nachanmeldung gelten soll, noch nicht erfolgt, so war der Uranmelder noch der zur Nachanmeldung Berechtigte, und seine Berechtigung schloß es aus, die Anmeldung des andern als eine mit Unionspriorität ausgestattete Nachanmeldung gelten zu lassen. Die Anmeldung des letzteren hatte also ihre eigene Priorität, und da sie keine Nachanmeldung, sondern eine Uranmeldung war, so begründete sie zugleich für alle übrigen Verbandsstaaten ein Unionsprioritätsrecht. Die spätere Übertragung vermag an dieser Rechtslage nichts zu ändern. Die Uranmeldung kann nicht durch einen späteren Rechtsakt der Beteiligten nachträglich zu einer Nachanmeldung umgestempelt werden. Dem Erwerber bleibt nichts anderes übrig, als durch eine weitere rechtzeitig eingereichte Anmeldung nunmehr die Unionspriorität zu erwerben. Hier steht es dem Erwerbe der Unionspriorität nicht entgegen, daß der Nachanmeldung bereits eine Uranmeldung desselben Anmelders im gleichen Staate vorausgegangen ist; denn hier bringt der Nachanmelder nur ein Recht zur Geltung, das ein anderer rechtsgültig erworben und ihm übertragen hat.

Wie bereits früher ausgeführt wurde, muß zwischen Uranmeldung und Nachanmeldung Übereinstimmung auch in dem Sinne bestehen, daß beide dieselbe Geistesschöpfung betreffen. Haben A., B. und C. die gleiche Erfindung gemacht, von denen A. bereits in einem Verbandsstaate angemeldet hat, so kann A. sein Recht auf Nachanmeldung zwar sowohl dem B. wie dem C. übertragen. Diese Übertragung und die demnächst erfolgte Nachanmeldung des B. oder C. hat dann aber die Bedeutung, daß die Geistesschöpfung des A. angemeldet ist. Hat zunächst A. in einem fremden Verbandsstaate, und haben sodann sowohl B. wie

---

[97]) Vgl. jedoch Bl. f. P. M. u. Zw. 1907 S. 129

C. (ohne Übertragung) in Deutschland angemeldet, so vermag A. sein Recht auf Nachanmeldung auf eine der von B. bzw. C. bereits eingereichten Uranmeldungen schon deshalb nicht mehr zu übertragen, weil der Charakter der Uranmeldung nicht nachträglich geändert werden kann. Eine Übertragung würde hier aber auch deshalb ausgeschlossen sein, weil es sich um verschiedene Geistesschöpfungen handelt. Es würde auch zu Rechtsverwirrung führen, wenn etwa der begünstigte Anmelder nicht, wie im Beispiel zunächst angenommen wurde, selbst der Erfinder wäre, und nunmehr von einem dritten wegen Entnahme Einspruch erhoben würde. A. kann indessen dem B. oder C. dadurch zum Vorrange verhelfen, daß er entweder selbst rechtzeitig die Nachanmeldung bewirkt und diese dem B. oder C. abtritt, oder daß er dem B. oder C. das Recht auf Nachanmeldung überträgt und es diesem überläßt, die Nachanmeldung rechtzeitig zu bewirken.

Wenn ein Rechtsnachfolger die Unionspriorität in Anspruch nimmt, so muß er nach allgemeinen Rechtsgrundsätzen auch den Beweis seines Rechts führen, und da die Übertragung des Prioritätsrechts der Nachanmeldung voraufgegangen sein muß, so muß er insbesondere beweisen, daß die Übertragung zu der Zeit, als die Nachanmeldung erfolgte, bereits stattgefunden hatte. Besondere Formvorschriften sind für diesen Beweis zwar nicht getroffen,[98]) es versteht sich aber von selbst, daß der Anmelder dem Patentamte die volle Überzeugung von der Existenz seines Rechts verschaffen muß. Es empfiehlt sich daher für die Beteiligten, die Übertragung des Unionsprioritätsrechts in solcher Form vorzunehmen, daß der erforderliche Nachweis damit gesichert ist, und, wenn die vorliegenden Beweise in bezug auf den Zeitpunkt der Übertragung nicht ganz einwandfrei sind, bereits bei Einreichung der Nachanmeldung die Beweisstücke vorzulegen, womit sich das Bedenken, daß die Übertragung erst nach der Anmeldung erfolgt sein könne, von selbst erledigt.

Wie bereits dargelegt wurde, hat das materielle Recht auf Anmeldung mit dem Rechte auf Nachanmeldung nichts zu tun.

---

[98]) Vgl. Entsch. des Patentamts im Bl. f. P. M. u. Zw. 1906 S. 127 fg.

Hat der Erfinder A. das Recht zur Anmeldung im Verbandsstaate a sich selbst vorbehalten, dagegen für den Verbandsstaat b dem B, und für alle übrigen Verbandsstaaten dem C. übertragen, so hat diese Regelung des materiellen Rechts an der Geistesschöpfung für das Unionsprioritätsrecht keine Bedeutung. Wer anmeldet, sei es berechtigt, sei es unberechtigt, erlangt dadurch, sofern er Unionsangehöriger ist, für alle Verbandsstaaten ein Unionsprioritätsrecht, und er kann dieses Recht einem andern Unionsangehörigen, der eine Anmeldung noch nicht eingereicht hat, übertragen.

Immerhin bildet es aber doch die Regel, daß Anmeldungen seitens der dazu Berechtigten bewirkt werden. Hat demnach der Berechtigte die Uranmeldung eingereicht und darauf sein (materielles) Recht auf Anmeldung in einem fremden Verbandsstaate einem andern übertragen, so ist ohne weiteres zu unterstellen, daß mit dem materiellen Rechte auf Anmeldung auch das Recht auf Nachanmeldung übertragen ist. Denn ohne rechtswidrig zu handeln, könnte der Berechtigte das Recht auf Nachanmeldung nach der Übertragung weder selbst geltend machen, noch auf einen dritten übertragen. Hat allerdings die Übertragung des materiellen Rechts vor der Uranmeldung stattgefunden, so war das damals noch gar nicht entstandene Recht auf Nachanmeldung selbstverständlich in der Übertragung nicht einbegriffen, und es muß alsdann besonders übertragen werden, was einen neuen Vertrag erfordert.

Die Übertragung einer Geistesschöpfung, die sämtliche übertragbaren Rechte umfaßt, schließt auch das Recht zur Anmeldung in allen Staaten ein. Hier ist zu unterstellen, daß nicht nur eine bereits erfolgte Uranmeldung, sondern mit dieser zugleich das Recht auf Nachanmeldung in den übrigen Verbandsstaaten übertragen ist.

Im übrigen schließt eine auf die Uranmeldung beschränkte Übertragung das Recht auf Nachanmeldung nicht ein. Die Übertragung der Uranmeldung läßt das Recht des Anmelders auf Nachanmeldung fortbestehen, da das Unionsprioritätsrecht, wie bereits früher ausgeführt wurde, durch die späteren Schicksale der Uranmeldung nicht berührt wird.

Tritt zum Uranmelder bei der Nachanmeldung ein zweiter Anmelder hinzu, so ist zu unterstellen, daß diese Beteiligung des zweiten Anmelders mit Zustimmung des Uranmelders geschehen ist, also eine Einräumung des Mitrechts stattgefunden hat. Im Zweifel wird eine einfache Erklärung des Uranmelders genügen, um hierüber Klarheit zu schaffen.

Ist bei der Nachanmeldung einer von mehreren Uranmeldern nicht beteiligt, so wird es einer beweiskräftigen Erklärung des ausgeschiedenen Uranmelders bedürfen, daß er auf sein Recht zur Nachanmeldung verzichtet. Denn sonst könnte der Fall eintreten, daß dieser Uranmelder nachträglich gleichfalls eine Nachanmeldung einreichen und dafür mit demselben Rechte wie die andern Uranmelder das Unionsprioritätsrecht in Anspruch nehmen könnte.

Da durch die Nachanmeldung die Erteilung eines Patents nicht für eine neue Kundgebung, sondern für die bereits in der Uranmeldung kundgegebene Erfindung begehrt wird, so liegt es im Sinne des Unionsvertrages, daß dies bei der Nachanmeldung zum Ausdruck gebracht wird. Andere Staaten haben daher mit gutem Grunde die Bestimmung getroffen, daß der Nachanmelder seinen Anspruch auf das ihm zustehende Unionsprioritätsrecht zugleich mit der Nachanmeldung geltend machen muß, daß er also bei seiner Anmeldung das Patentamt darüber aufklären muß, daß es sich um eine Nachanmeldung handelt, und daß er zugleich, bezw. innerhalb bestimmter Frist, die erforderlichen Beweise beibringen muß. Die deutsche Praxis hält dies nicht für erforderlich. Nach der deutschen Praxis steht es dem Anmelder frei, bei Einreichung der Nachanmeldung den besonderen Charakter dieser Anmeldung zu verschweigen. Der deutsche Nachanmelder hat also erst dann Veranlassung, sein Unionsprioritätsrecht geltend zu machen, wenn ihm patenthindernde Tatsachen aus der Zwischenzeit entgegengehalten werden. Werden solche Tatsachen im Erteilungsverfahren nicht entgegengehalten, so kann der Unionsberechtigte erforderlichenfalls auch nach der Erteilung des Patents noch im Nichtigkeitsverfahren seine Priorität geltend machen.

Ist es nun an und für sich schon für die Allgemeinheit, die durch das Patent beschränkt wird, ein Nachteil, daß ihr ein die Existenz dieses Patents betreffendes wichtiges Recht des Patentinhabers unbekannt bleibt, so ist es noch bedenklicher, daß gemäß der deutschen Praxis auch der Rechtsnachfolger, der an Stelle des Uranmelders die Nachanmeldung bewirkt, das Prioritätsrecht bei der Nachanmeldung nicht geltend zu machen braucht. Denn wenn es den Beteiligten freisteht, die zwischen ihnen getroffene Abmachung zu verschweigen, so können sie sich die Möglichkeit offen halten, je nachdem, wie es ihr Interesse in Zukunft erfordert, entweder den Charakter der Anmeldung als einer Nachanmeldung geltend zu machen, oder aber die Anmeldung, die in Wirklichkeit eine Nachanmeldung ist, als Uranmeldung behandeln zu lassen, um aus ihr für eine Nachanmeldung des Rechtsnachfolgers in einem andern Verbandsstaate mit Erfolg eine ihnen dem Rechte nach nicht zustehende Priorität in Anspruch zu nehmen, nachdem die ihnen auf Grund der wirklichen Uranmeldung zustehende Prioritätsfrist versäumt worden ist.

Eine Änderung dieser Praxis würde u. E. einem Verkehrs- und Rechtsbedürfnisse entsprechen.

Patentgesetz

vom 7. April 1891. (Reichs-Gesetzbl. S. 79.)

Erster Abschnitt.

Patentrecht.

§ 1. Patente werden erteilt für neue Erfindungen, welche eine gewerbliche Verwertung gestatten.

Ausgenommen sind:

1. Erfindungen, deren Verwertung den Gesetzen oder guten Sitten zuwiderlaufen würde;
2. Erfindungen von Nahrungs-, Genuß- und Arzneimitteln, sowie von Stoffen, welche auf chemischem Wege hergestellt werden, soweit die Erfindungen nicht ein bestimmtes Verfahren zur Herstellung der Gegenstände betreffen.

§ 2. Eine Erfindung gilt nicht als neu, wenn sie zur Zeit der auf Grund dieses Gesetzes erfolgten Anmeldung in öffentlichen Druckschriften aus den letzten hundert Jahren bereits derart beschrieben oder im Inlande bereits so offenkundig benutzt ist, daß danach die Benutzung durch andere Sachverständige möglich erscheint.

Die im Auslande amtlich herausgegebenen Patentbeschreibungen stehen den öffentlichen Druckschriften erst nach Ablauf von drei Monaten seit dem Tage der Herausgabe gleich, sofern das Patent von demjenigen, welcher die Erfindung im Auslande angemeldet hat, oder von seinem Rechtsnachfolger nachgesucht wird. Diese Begünstigung erstreckt sich jedoch nur auf die amtlichen Patentbeschreibungen derjenigen Staaten, in welchen nach einer im Reichs-Gesetzblatt enthaltenen Bekanntmachung die Gegenseitigkeit verbürgt ist.

§ 3. Auf die Erteilung des Patents hat derjenige Anspruch, welcher die Erfindung zuerst nach Maßgabe dieses Gesetzes angemeldet hat. Eine spätere Anmeldung kann den Anspruch auf ein Patent nicht begründen, wenn die Erfindung Gegenstand des Patents des früheren Anmelders ist. Trifft diese Voraussetzung teilweise zu, so hat der spätere Anmelder nur Anspruch auf Erteilung eines Patents in entsprechender Beschränkung.

Ein Anspruch des Patentsuchers auf Erteilung des Patents findet nicht statt, wenn der wesentliche Inhalt seiner Anmeldung den Beschreibungen, Zeichnungen, Modellen, Gerätschaften oder Einrichtungen eines anderen oder einem von diesem angewendeten Verfahren ohne Einwilligung desselben entnommen und von dem letzteren aus diesem Grunde Einspruch erhoben ist. Hat der Einspruch die Zurücknahme oder Zurückweisung der Anmeldung zur Folge, so kann der Einsprechende, falls er innerhalb eines Monats seit Mitteilung des hierauf bezüglichen Bescheides des Patentamts die Erfindung seinerseits anmeldet, verlangen, daß als der Tag seiner Anmeldung der Tag vor Bekanntmachung der früheren Anmeldung festgesetzt werde.

§ 4. Das Patent hat die Wirkung, daß der Patentinhaber ausschließlich befugt ist, gewerbsmäßig den Gegenstand der Erfindung herzustellen, in Verkehr zu bringen, feilzuhalten oder zu gebrauchen. Ist das Patent für ein Verfahren erteilt, so erstreckt sich die Wirkung auch auf die durch das Verfahren unmittelbar hergestellten Erzeugnisse.

§ 5. Die Wirkung des Patents tritt gegen denjenigen nicht ein, welcher zur Zeit der Anmeldung bereits im Inlande die Erfindung in Benutzung genommen oder die zur Benutzung erforderlichen Veranstaltungen getroffen hatte. Derselbe ist befugt, die Erfindung für die Bedürfnisse seines eigenen Betriebes in eigenen oder fremden Werkstätten auszunutzen. Diese Befugnis kann nur zusammen mit dem Betriebe vererbt oder veräußert werden.

Die Wirkung des Patents tritt ferner insoweit nicht ein, als die Erfindung nach Bestimmung des Reichskanzlers für das Heer oder für die Flotte oder sonst im Interesse der öffentlichen Wohlfahrt benutzt werden soll. Doch hat der Patentinhaber in diesem

Falle gegenüber dem Reich oder dem Staate, welcher in seinem besonderen Interesse die Beschränkung des Patents beantragt hat, Anspruch auf angemessene Vergütung, welche in Ermangelung einer Verständigung im Rechtswege festgesetzt wird.

Auf Einrichtungen an Fahrzeugen, welche nur vorübergehend in das Inland gelangen, erstreckt sich die Wirkung des Patents nicht.

§ 6. Der Anspruch auf Erteilung des Patents und das Recht aus dem Patent gehen auf die Erben über. Der Anspruch und das Recht können beschränkt oder unbeschränkt durch Vertrag oder durch Verfügung von Todes wegen auf andere übertragen werden.

§ 7. Die Dauer des Patents ist fünfzehn Jahre; der Lauf dieser Zeit beginnt mit dem auf die Anmeldung der Erfindung folgenden Tage. Bezweckt eine Erfindung die Verbesserung oder sonstige weitere Ausbildung einer anderen, zugunsten des Patentsuchers durch ein Patent geschützten Erfindung, so kann dieser die Erteilung eines Zusatzpatents nachsuchen, welches mit dem Patent für die ältere Erfindung sein Ende erreicht.

Wird durch die Erklärung der Nichtigkeit des Hauptpatents ein Zusatzpatent zu einem selbständigen Patent, so bestimmt sich dessen Dauer und der Fälligkeitstag der Gebühren nach dem Anfangstage des Hauptpatents. Für den Jahresbetrag der Gebühren ist der Anfangstag des Zusatzpatents maßgebend. Dabei gilt als erstes Patentjahr der Zeitabschnitt zwischen dem Tage der Anmeldung des Zusatzpatents und dem nächstfolgenden Jahrestage des Anfangs des Hauptpatents.

§ 8. Für jedes Patent ist vor der Erteilung eine Gebühr von dreißig Mark zu entrichten. (§ 24, Abs. 1.)

Mit Ausnahme der Zusatzpatente (§ 7) ist außerdem für das Patent mit Beginn des zweiten und jedes folgenden Jahres der Dauer eine Gebühr zu entrichten, welche das erste Mal fünfzig Mark beträgt und weiterhin jedes Jahr um fünfzig Mark steigt.

Diese Gebühr (Absatz 2) ist innerhalb sechs Wochen nach der Fälligkeit zu entrichten. Nach Ablauf der Frist kann die Zahlung nur unter Zuschlag einer Gebühr von zehn Mark innerhalb weiterer sechs Wochen erfolgen.

Einem Patentinhaber, welcher seine Bedürftigkeit nachweist, können die Gebühren für das erste und zweite Jahr der Dauer des Patents bis zum dritten Jahre gestundet und, wenn das Patent im dritten Jahre erlischt, erlassen werden.

Die Zahlung der Gebühren kann vor Eintritt der Fälligkeit erfolgen. Wird auf das Patent verzichtet oder dasselbe für nichtig erklärt oder zurückgenommen, so erfolgt die Rückzahlung der nicht fällig gewordenen Gebühren.

Durch Beschluß des Bundesrats kann eine Herabsetzung der Gebühren angeordnet werden.

§ 9. Das Patent erlischt, wenn der Patentinhaber auf dasselbe verzichtet, oder wenn die Gebühren nicht rechtzeitig bei der Kasse des Patentamts oder zur Überweisung an dieselbe bei einer Postanstalt im Gebiete des Deutschen Reiches eingezahlt sind.

§ 10. Das Patent wird für nichtig erklärt, wenn sich ergibt:

1. daß der Gegenstand nach §§ 1 und 2 nicht patentfähig war,
2. daß die Erfindung Gegenstand des Patents eines früheren Anmelders ist,
3. daß der wesentliche Inhalt der Anmeldung den Beschreibungen, Zeichnungen, Modellen, Gerätschaften oder Einrichtungen eines anderen oder einem von diesem angewendeten Verfahren ohne Einwilligung desselben entnommen war.

Trifft eine dieser Voraussetzungen (1 bis 3) nur teilweise zu, so erfolgt die Erklärung der Nichtigkeit durch entsprechende Beschränkung des Patents.

§ 11. Das Patent kann nach Ablauf von drei Jahren, von dem Tage der über die Erteilung des Patents erfolgten Bekanntmachung (§ 27, Abs. 1) gerechnet, zurückgenommen werden:

1. wenn der Patentinhaber es unterläßt, im Inlande die Erfindung in angemessenem Umfange zur Ausführung zu bringen, oder doch alles zu tun, was erforderlich ist, um diese Ausführung zu sichern;

2. wenn im öffentlichen Interesse die Erteilung der Erlaubnis zur Benutzung der Erfindung an andere geboten erscheint, der Patentinhaber aber gleichwohl sich weigert, diese Erlaubnis gegen angemessene Vergütung und genügende Sicherstellung zu erteilen.

§ 12. Wer nicht im Inlande wohnt, kann den Anspruch auf die Erteilung eines Patents und die Rechte aus dem Patent nur geltend machen, wenn er im Inlande einen Vertreter bestellt hat. Der letztere ist zur Vertretung in dem nach Maßgabe dieses Gesetzes stattfindenden Verfahren, sowie in den das Patent betreffenden bürgerlichen Rechtsstreitigkeiten und zur Stellung von Strafanträgen befugt. Der Ort, wo der Vertreter seinen Wohnsitz hat, und in Ermangelung eines solchen der Ort, wo das Patentamt seinen Sitz hat, gilt im Sinne des § 24 der Zivilprozeßordnung als der Ort, wo sich der Vermögensgegenstand befindet.

Unter Zustimmung des Bundesrats kann durch Anordnung des Reichskanzlers bestimmt werden, daß gegen die Angehörigen eines ausländischen Staates ein Vergeltungsrecht zur Anwendung gebracht werde.

Zweiter Abschnitt.

Patentamt.

§ 13. Die Erteilung, die Erklärung der Nichtigkeit und die Zurücknahme der Patente erfolgt durch das Patentamt.

Das Patentamt hat seinen Sitz in Berlin. Es besteht aus einem Präsidenten, aus Mitgliedern, welche die Befähigung zum Richteramt oder zum höheren Verwaltungsdienst besitzen (rechtskundige Mitglieder), und aus Mitgliedern, welche in einem Zweige der Technik sachverständig sind (technische Mitglieder). Die Mitglieder werden, und zwar der Präsident auf Vorschlag des Bundesrats, vom Kaiser ernannt. Die Berufung der rechtskundigen Mitglieder erfolgt, wenn sie im Reichs- oder Staatsdienst ein Amt bekleiden, auf die Dauer dieses Amts, anderenfalls auf Lebenszeit. Die Berufung der technischen Mitglieder erfolgt entweder auf Lebenszeit oder auf fünf Jahre. Im letzteren Falle finden auf sie die Bestimmungen in § 16 des Gesetzes, betreffend die Rechtsverhältnisse der Reichsbeamten, vom 31. März 1873 keine Anwendung.

§ 14. In dem Patentamt werden

1. Abteilungen für die Patentanmeldungen (Anmeldeabteilungen),
2. eine Abteilung für die Anträge auf Erklärung der Nichtigkeit oder auf Zurücknahme von Patenten (Nichtigkeitsabteilung),
3. Abteilungen für die Beschwerden (Beschwerdeabteilungen)

gebildet.

In den Anmeldeabteilungen dürfen nur solche technische Mitglieder mitwirken, welche auf Lebenszeit berufen sind. Die technischen Mitglieder der Anmeldeabteilungen dürfen nicht in den übrigen Abteilungen, die technischen Mitglieder der letztteren nicht in den Anmeldeabteilungen mitwirken.

Die Beschlußfähigkeit der Anmeldeabteilungen ist durch die Anwesenheit von mindestens drei Mitgliedern bedingt, unter welchen sich zwei technische Mitglieder befinden müssen.

Die Entscheidungen der Nichtigkeitsabteilung und der Beschwerdeabteilungen erfolgen in der Besetzung von zwei rechts kundigen und drei technischen Mitgliedern. Zu anderen Beschlußfassungen genügt die Anwesenheit von drei Mitgliedern.

Die Bestimmungen der Zivilprozeßordnung über Ausschließung und Ablehnung der Gerichtspersonen finden entsprechende Anwendung.

Zu den Beratungen können Sachverständige, welche nicht Mitglieder sind, zugezogen werden; dieselben dürfen an den Abstimmungen nicht teilnehmen.

§ 15. Die Beschlüsse und die Entscheidungen der Abteilungen erfolgen im Namen des Patentamts; sie sind mit Gründen zu versehen, schriftlich auszufertigen und allen Beteiligten von Amts wegen zuzustellen.

§ 16. Gegen die Beschlüsse der Anmeldeabteilungen und der Nichtigkeitsabteilung findet die Beschwerde statt. An der Beschlußfassung über die Beschwerde darf kein Mitglied teilnehmen, welches bei dem angefochtenen Beschlusse mitgewirkt hat.

§ 17. Die Bildung der Abteilungen, die Bestimmung ihres Gschäftskreises, die Formen des Verfahrens, einschließlich des Zustellungswesens, und der Geschäftsgang des Patentamts werden, insoweit dieses Gesetz nicht Bestimmungen darüber trifft, durch Kaiserliche Verordnung unter Zustimmung des Bundesrats geregelt.

§ 18. Das Patentamt ist verpflichtet, auf Ersuchen der Gerichte über Fragen, welche Patente betreffen, Gutachten abzugeben, sofern in dem gerichtlichen Verfahren voneinander abweichende Gutachten mehrerer Sachverständiger vorliegen.

Im übrigen ist das Patentamt nicht befugt, ohne Genehmigung des Reichskanzlers außerhalb seines gesetzlichen Geschäftskreises Beschlüsse zu fassen oder Gutachten abzugeben.

§ 19. Bei dem Patentamt wird eine Rolle geführt, welche den Gegenstand und die Dauer der erteilten Patente, sowie den Namen und Wohnort der Patentinhaber und ihrer bei Anmeldung der Erfindung etwa bestellten Vertreter angibt. Der Anfang, der Ablauf, das Erlöschen, die Erklärung der Nichtigkeit und die Zurücknahme der Patente sind, unter gleichzeitiger Bekanntmachung durch den Reichs-Anzeiger, in der Rolle zu vermerken.

Tritt in der Person des Patentinhabers oder seines Vertreters eine Änderung ein, so wird dieselbe, wenn sie in beweisender Form zur Kenntnis des Patentamts gebracht ist, ebenfalls in der Rolle vermerkt und durch den Reichs-Anzeiger veröffentlicht. Solange dieses nicht geschehen ist, bleiben der frühere Patentinhaber und sein früherer Vertreter nach Maßgabe dieses Gesetzes berechtigt und verpflichtet.

Die Einsicht der Rolle, der Beschreibungen, Zeichnungen, Modelle und Probestücke, auf Grund deren die Erteilung der Patente erfolgt ist, steht, soweit es sich nicht um ein im Namen der Reichsverwaltung für die Zwecke des Heeres oder der Flotte genommenes Patent handelt, jedermann frei.

Das Patentamt veröffentlicht die Beschreibungen und Zeichnungen, soweit deren Einsicht jedermann freisteht, in ihren wesentlichen Teilen durch ein amtliches Blatt. In dasselbe sind auch die Bekanntmachungen aufzunehmen, welche durch den Reichsanzeiger nach Maßgabe dieses Gesetzes erfolgen müssen.

Dritter Abschnitt.

Verfahren in Patentsachen.

§ 20. Die Anmeldung einer Erfindung behufs Erteilung eines Patents geschieht schriftlich bei dem Patentamt. Für jede Erfindung ist eine besondere Anmeldung erforderlich. Die Anmeldung muß den Antrag auf Erteilung des Patents enthalten und in dem Antrage den Gegenstand, welcher durch das Patent geschützt werden soll, genau bezeichnen. In einer Anlage ist die Erfindung dergestalt zu beschreiben, daß danach die Benutzung derselben durch andere Sachverständige möglich erscheint. Am Schlusse der Beschreibung ist dasjenige anzugeben, was als patentfähig unter Schutz gestellt werden soll (Patentanspruch). Auch sind die erforderlichen Zeichnungen, bildlichen Darstellungen, Modelle und Probestücke beizufügen.

Das Patentamt erläßt Bestimmungen über die sonstigen Erfordernisse der Anmeldung.

Bis zu dem Beschlusse über die Bekanntmachung der Anmeldung sind Abänderungen der darin enthaltenen Angaben zulässig. Gleichzeitig mit der Anmeldung sind für die Kosten des Verfahrens zwanzig Mark zu zahlen.

§ 21. Die Anmeldung unterliegt einer Vorprüfung durch ein Mitglied der Anmeldeabteilung.

Erscheint hierbei die Anmeldung als den vorgeschriebenen Anforderungen (§ 20) nicht genügend, so wird durch Vorbescheid der Patentsucher aufgefordert, die Mängel innerhalb einer bestimmten Frist zu beseitigen.

Insoweit die Vorprüfung ergibt, daß eine nach §§ 1, 2, 3, Abs. 1 patentfähige Erfindung nicht vorliegt, wird der Patentsucher hiervon unter Angabe der Gründe mit der Aufforderung benachrichtigt, sich binnen einer bestimmten Frist zu äußern.

Erklärt sich der Patentsucher auf den Vorbescheid (Absatz 2 und 3) nicht rechtzeitig, so gilt die Anmeldung als zurückgenommen; erklärt er sich innerhalb der Frist, so faßt die Anmeldeabteilung Beschluß.

§ 22. Ist durch die Anmeldung den vorgeschriebenen Anforderungen (§ 20) nicht genügt, oder ergibt sich, daß eine nach

§§ 1, 2, 3, Absatz 1 patentfähige Erfindung nicht vorliegt, so wird die Anmeldung von der Abteilung zurückgewiesen. An der Beschlußfassung darf das Mitglied, welches den Vorbescheid erlassen hat, nicht teilnehmen.

Soll die Zurückweisung auf Grund von Umständen erfolgen, welche nicht bereits durch den Vorbescheid dem Patentsucher mitgeteilt waren, so ist demselben vorher Gelegenheit zu geben, sich über diese Umstände binnen einer bestimmten Frist zu äußern.

§ 23. Erachtet das Patentamt die Anmeldung für gehörig erfolgt und die Erteilung eines Patents nicht für ausgeschlossen, so beschließt es die Bekanntmachung der Anmeldung. Mit der Bekanntmachung treten für den Gegenstand der Anmeldung zugunsten des Patentsuchers einstweilen die gesetzlichen Wirkungen des Patents ein (§§ 4 und 5).

Die Bekanntmachung geschieht in der Weise, daß der Name des Patentsuchers und der wesentliche Inhalt des in seiner Anmeldung enthaltenen Antrags durch den Reichs-Anzeiger einmal veröffentlicht wird. Mit der Veröffentlichung ist die Anzeige zu verbinden, daß der Gegenstand der Anmeldung einstweilen gegen unbefugte Benutzung geschützt sei.

Gleichzeitig ist die Anmeldung mit sämtlichen Beilagen bei dem Patentamt zur Einsicht für jedermann auszulegen. Auf dem durch § 17 des Gesetzes bestimmten Wege kann angeordnet werden, daß die Auslegung auch außerhalb Berlins zu erfolgen habe.

Die Bekanntmachung kann auf Antrag des Patentsuchers auf die Dauer von höchstens sechs Monaten, vom Tage des Beschlusses über die Bekanntmachung an gerechnet, ausgesetzt werden. Bis zur Dauer von drei Monaten darf die Aussetzung nicht versagt werden.

Handelt es sich um ein im Namen der Reichsverwaltung für die Zwecke des Heeres oder der Flotte nachgesuchtes Patent, so erfolgt auf Antrag die Patenterteilung ohne jede Bekanntmachung. In diesem Falle unterbleibt auch die Eintragung in die Patentrolle.

§ 24. Innerhalb der Frist von zwei Monaten nach der Veröffentlichung (§ 23) ist die erste Jahresgebühr (§ 8, Absatz 1) einzuzahlen. Erfolgt die Einzahlung nicht binnen dieser Frist, so gilt die Anmeldung als zurückgenommen.

Innerhalb der gleichen Frist kann gegen die Erteilung des Patents Einspruch erhoben werden. Der Einspruch muß schriftlich erfolgen und mit Gründen versehen sein. Er kann nur auf die Behauptung gestützt werden, daß der Gegenstand nach §§ 1 und 2 nicht patentfähig sei, oder daß dem Patentsucher ein Anspruch auf das Patent nach § 3 nicht zustehe. Im Falle des § 3, Absatz 2 ist nur der Verletzte zum Einspruch berechtigt.

Nach Ablauf der Frist hat das Patentamt über die Erteilung des Patents Beschluß zu fassen. An der Beschlußfassung darf das Mitglied, welches den Vorbescheid (§ 21) erlassen hat, nicht teilnehmen.

§ 25. Bei der Vorprüfung und in dem Verfahren vor der Anmeldeabteilung kann jederzeit die Ladung und Anhörung der Beteiligten, die Vernehmung von Zeugen und Sachverständigen, sowie die Vornahme sonstiger zur Aufklärung der Sache erforderlicher Ermittelungen angeordnet werden.

§ 26. Gegen den Beschluß, durch welchen die Anmeldung zurückgewiesen wird, kann der Patentsucher, und gegen den Beschluß, durch welchen über die Erteilung des Patents entschieden wird, der Patentsucher oder der Einsprechende innerhalb eines Monats nach der Zustellung Beschwerde einlegen. Mit der Einlegung der Beschwerde sind für die Kosten des Beschwerdeverfahrens zwanzig Mark zu zahlen; erfolgt die Zahlung nicht, so gilt die Beschwerde als nicht erhoben.

Ist die Beschwerde an sich nicht statthaft oder ist dieselbe verspätet eingelegt, so wird sie als unzulässig verworfen.

Wird die Beschwerde für zulässig befunden, so richtet sich das weitere Verfahren nach § 25. Die Ladung und Anhörung der Beteiligten muß auf Antrag eines derselben erfolgen. Dieser Antrag kann nur abgelehnt werden, wenn die Ladung des Antragstellers in dem Verfahren vor der Anmeldeabteilung bereits erfolgt war.

Soll die Entscheidung über die Beschwerde auf Grund anderer als der in dem angegriffenen Beschlusse berücksichtigten Umstände erfolgen, so ist den Beteiligten zuvor Gelegenheit zu geben, sich hierüber zu äußern.

Das Patentamt kann nach freiem Ermessen bestimmen, inwieweit einem Beteiligten im Falle des Unterliegens die Kosten des Beschwerdeverfahrens zur Last fallen, sowie anordnen, daß dem Beteiligten, dessen Beschwerde für gerechtfertigt befunden ist, die Gebühr (Absatz 1) zurückgezahlt wird.

§ 27. Ist die Erteilung des Patents endgültig beschlossen, so erläßt das Patentamt darüber durch den Reichs-Anzeiger eine Bekanntmachung und fertigt demnächst für den Patentinhaber eine Urkunde aus.

Wird die Anmeldung nach der Veröffentlichung (§ 23) zurückgenommen oder wird das Patent versagt, so ist dies ebenfalls bekannt zu machen. Die eingezahlte Jahresgebühr wird in diesen Fällen erstattet. Mit der Versagung des Patents gelten die Wirkungen des einstweiligen Schutzes als nicht eingetreten.

§ 28. Die Einleitung des Verfahrens wegen Erklärung der Nichtigkeit oder wegen Zurücknahme des Patents erfolgt nur auf Antrag.

Im Falle des § 10 Nr. 3 ist nur der Verletzte zu dem Antrage berechtigt.

Im Falle des § 10 Nr. 1 ist nach Ablauf von fünf Jahren, von dem Tage der über die Erteilung des Patents erfolgten Bekanntmachung (§ 27, Absatz 1) gerechnet, der Antrag unstatthaft.

Der Antrag ist schriftlich an das Patentamt zu richten und hat die Tatsachen anzugeben, auf welche er gestützt wird. Mit dem Antrage ist eine Gebühr von fünfzig Mark zu zahlen. Erfolgt die Zahlung nicht, so gilt der Antrag als nicht gestellt.

Die Gebühr wird erstattet, wenn das Verfahren ohne Anhörung der Beteiligten beendet wird.

Wohnt der Antragsteller im Auslande, so hat er dem Gegner auf dessen Verlangen Sicherheit wegen der Kosten des Verfahrens zu leisten. Die Höhe der Sicherheit wird von dem Patentamt nach freiem Ermessen festgesetzt. Dem Antragsteller wird bei Anordnung der Sicherheitsleistung eine Frist bestimmt, binnen welcher die Sicherheit zu leisten ist. Erfolgt die Sicherheitsleistung nicht vor Ablauf der Frist, so gilt der Antrag als zurückgenommen.

§ 29. Nachdem die Einleitung des Verfahrens verfügt ist, fordert das Patentamt den Patentinhaber unter Mitteilung des Antrags auf, sich über denselben innerhalb eines Monats zu erklären.

Erklärt der Patentinhaber binnen der Frist sich nicht, so kann ohne Ladung und Anhörung der Beteiligten sofort nach dem Antrage entschieden und bei dieser Entscheidung jede von dem Antragsteller behauptete Tatsache für erwiesen angenommen werden.

§ 30. Widerspricht der Patentinhaber rechtzeitig, oder wird im Falle des § 29, Absatz 2 nicht sofort nach dem Antrage entschieden, so trifft das Patentamt, und zwar im ersteren Falle unter Mitteilung des Widerspruchs an den Antragsteller, die zur Aufklärung der Sache erforderlichen Verfügungen. Es kann die Vernehmung von Zeugen und Sachverständigen anordnen. Auf dieselben finden die Vorschriften der Zivilprozeßordnung entsprechende Anwendung. Die Beweisverhandlungen sind unter Zuziehung eines beeidigten Protokollführers aufzunehmen.

Die Entscheidung erfolgt nach Ladung und Anhörung der Beteiligten.

Wird die Zurücknahme des Patents auf Grund des § 11 Nr. 2 beantragt, so muß der diesem Antrage entsprechenden Entscheidung eine Androhung der Zurücknahme unter Angabe von Gründen und unter Festsetzung einer angemessenen Frist vorausgehen.

§ 31. In der Entscheidung (§§ 29, 30) hat das Patentamt nach freiem Ermessen zu bestimmen, zu welchem Anteile die Kosten des Verfahrens den Beteiligten zur Last fallen.

§ 32. Die Gerichte sind verpflichtet, dem Patentamt Rechtshilfe zu leisten. Die Festsetzung einer Strafe gegen Zeugen und Sachverständige, welche nicht erscheinen oder ihre Aussage oder deren Beeidigung verweigern, sowie die Vorführung eines nicht erschienenen Zeugen erfolgt auf Ersuchen durch die Gerichte.

§ 33. Gegen die Entscheidung des Patentamts (§§ 29, 30) ist die Berufung zulässig. Die Berufung geht an das Reichsgericht. Sie ist binnen sechs Wochen nach der Zustellung bei dem Patentamt schriftlich anzumelden und zu begründen.

Durch das Urteil des Gerichtshofes ist nach Maßgabe des § 31 auch über die Kosten des Verfahrens zu bestimmen.

Im übrigen wird das Verfahren vor dem Gerichtshof durch ein Regulativ bestimmt, welches von dem Gerichtshof zu entwerfen ist und durch Kaiserliche Verordnung unter Zustimmung des Bundesrats festgestellt wird.

§ 34. In betreff der Geschäftssprache vor dem Patentamt finden die Bestimmungen des Gerichtsverfassungsgesetzes über die Gerichtssprache entsprechende Anwendung. Eingaben, welche nicht in deutscher Sprache abgefaßt sind, werden nicht berücksichtigt.

Vierter Abschnitt.

Strafen und Entschädigung.

§ 35. Wer wissentlich oder aus grober Fahrlässigkeit den Bestimmungen der §§ 4 und 5 zuwider eine Erfindung in Benutzung nimmt, ist dem Verletzten zur Entschädigung verpflichtet

Handelt es sich um eine Erfindung, welche ein Verfahren zur Herstellung eines neuen Stoffes zum Gegenstand hat, so gilt bis zum Beweise des Gegenteils jeder Stoff von gleicher Beschaffenheit als nach dem patentierten Verfahren hergestellt.

§ 36. Wer wissentlich den Bestimmungen der §§ 4 und 5 zuwider eine Erfindung in Benutzung nimmt, wird mit Geldstrafe bis zu fünftausend Mark oder mit Gefängnis bis zu einem Jahre bestraft.

Die Strafverfolgung tritt nur auf Antrag ein. Die Zurücknahme des Antrags ist zulässig.

Wird auf Strafe erkannt, so ist zugleich dem Verletzten die Befugnis zuzusprechen, die Verurteilung auf Kosten des Verurteilten öffentlich bekannt zu machen. Die Art der Bekanntmachung, sowie die Frist zu derselben ist im Urteil zu bestimmen.

§ 37. Statt jeder aus diesem Gesetze entspringenden Entschädigung kann auf Verlangen des Beschädigten neben der Strafe auf eine an ihn zu erlegende Buße bis zum Betrage von zehntausend Mark erkannt werden. Für diese Buße haften die zu derselben Verurteilten als Gesamtschuldner.

Eine erkannte Buße schließt die Geltendmachung eines weiteren Entschädigungsanspruchs aus.

§ 38. In bürgerlichen Rechtsstreitigkeiten, in welchen durch Klage oder Widerklage ein Anspruch auf Grund der Bestimmungen dieses Gesetzes geltend gemacht ist, wird die Verhandlung und Entscheidung letzter Instanz im Sinne des § 8 des Einführungsgesetzes zum Gerichtsverfassungsgesetze dem Reichsgericht zugewiesen.

§ 39. Die Klagen wegen Verletzung des Patentrechts verjähren rücksichtlich jeder einzelnen dieselbe begründenden Handlung in drei Jahren.

§ 40. Mit Geldstrafe bis zu eintausend Mark wird bestraft:

1. wer Gegenstände oder deren Verpackung mit einer Bezeichnung versieht, welche geeignet ist, den Irrtum zu erregen, daß die Gegenstände durch ein Patent nach Maßgabe dieses Gesetzes geschützt seien;
2. wer in öffentlichen Anzeigen, auf Aushängeschildern, auf Empfehlungskarten oder in ähnlichen Kundgebungen eine Bezeichnung anwendet, welche geeignet ist, den Irrtum zu erregen, daß die darin erwähnten Gegenstände durch ein Patent nach Maßgabe dieses Gesetzes geschützt seien.

Internationale Übereinkunft zum Schutze des gewerblichen Eigentums.

Vom 20. März 1883 in der Fassung der Brüsseler Zusatzakte vom 14. Dezember 1900.

Art. 1. Die Regierungen von Belgien, Brasilien, Spanien, Frankreich, Guatemala, Italien, den Niederlanden, Portugal, Salvador, Serbien und der Schweiz bilden einen Verband zum Schutze des gewerblichen Eigentums.[1])

Art. 2. Die Untertanen oder Bürger der vertragschließenden Staaten sollen in allen übrigen Staaten des Verbandes in betreff der Erfindungspatente, der gewerblichen Muster oder Modelle, der Fabrik- oder Handelsmarken und der Handelsnamen die Vorteile genießen, welche die betreffenden Gesetze den Staatsangehörigen gegenwärtig gewähren oder in Zukunft gewähren werden. Demgemäß sollen sie denselben Schutz wie diese und dieselbe Rechtshilfe gegen jeden Eingriff in ihre Rechte haben, vorbehaltlich der Erfüllung der Förmlichkeiten und Bedingungen, welche den Staatsangehörigen durch die innere Gesetzgebung jedes Staates auferlegt werden.

Art. 3. Den Untertanen oder Bürgern der vertragschließenden Staaten werden gleichgestellt die Untertanen oder Bürger der dem Verbande nicht beigetretenen Staaten, welche auf dem Gebiet eines der Verbandsstaaten ihren Wohnsitz oder tatsäch-

[1]) Die Rechtswirkungen der Übereinkunft sind gemäß der Bekanntmachung vom 9. April 1903 (Reichs-Gesetzblatt S. 147) mit dem 1. Mai 1903 eingetreten.

Der Unionsvertrag ist zurzeit maßgebend für das Verhältnis zwischen dem Deutschen Reiche und den Staaten Belgien, Cuba, Frankreich und Tunis, Italien, Österreich, Spanien, Portugal, den Niederlanden, der Schweiz, Großbritannien, Dänemark, Schweden, Norwegen, Ungarn, Japan, den Vereinigten Staaten von Amerika, den Vereinigten Staaten von Brasilien, den Vereinigten Staaten von Mexiko, dem Staatenbund von Australien und Serbien.

In diesem Verhältnis stehen gleich

1. dem Deutschen Reich dessen Schutzgebiete: Togo, Kamerun, Deutsch-Südwestafrika, Deutsch-Ostafrika, Deutsch-Neuguinea, Marschallinseln, Brown- und Providenceinseln, Samoainseln, Kiautschou, die Karolinen, Marianen und Palauinseln;
2. Großbritannien dessen Kolonien: Neu-Seeland, Queensland, Ceylon, Trinidad und Tobago;
3. Frankreich dessen Kolonien: Martinique, Reunion, Guadaloupe und Zubehör, St.-Pierre und Miquelon, Guyana, Senegal und Sudan, Französisch-Guinea, Elfenbeinküste, Dahomey, Französisch-Kongo, Mayotte, Nossi-Bé, Französisch-Indien, Neu-Kaledonien, Französisch-Ozeanien, Madagaskar und Zubehör, Obok und Djibouti, Cochinchina, Kambodscha, Annam und Tonking;
4. Portugal: die Azoren und Madeira;
5. den Niederlanden dessen Kolonien: Surinam, Curaçao und Niederländisch-Indien;
6. Dänemark: Die Faröer-Inseln.

liche und wirkliche gewerbliche oder Handelsniederlassungen haben.

Art. 4. Derjenige, welcher in einem der vertragschließenden Staaten ein Gesuch um ein Erfindungspatent, ein gewerbliches Muster oder Modell, eine Fabrik- oder Handelsmarke vorschriftsmäßig hinterlegt, soll zum Zwecke der Hinterlegung in den anderen Staaten während der unten bestimmten Fristen und vorbehaltlich der Rechte Dritter ein Prioritätsrecht genießen.

Demgemäß soll die hiernächst in einem der übrigen Verbandsstaaten vor Ablauf dieser Fristen bewirkte Hinterlegung durch inzwischen eingetretene Tatsachen, wie namentlich durch eine andere Hinterlegung, durch die Veröffentlichung der Erfindung oder deren Ausübung, durch das Feilbieten von Exemplaren des Musters oder Modells, durch die Anwendung der Marke, nicht unwirksam gemacht werden können.

Die oben erwähnten Prioritätsfristen sollen zwölf Monate für Erfindungspatente und vier Monate für gewerbliche Muster oder Modelle, sowie für Fabrik- oder Handelsmarken betragen.

Art. 4b. Die Patente, deren Erteilung in den verschiedenen vertragschließenden Staaten von den zur Wohltat der Übereinkunft nach Maßgabe der Art. 2 und 3 verstatteten Personen beantragt wird, sollen von den für dieselbe Erfindung in anderen zum Verbande gehörigen oder nicht gehörigen Staaten erteilten Patenten unabhängig sein.

Diese Bestimmung soll auf die bestehenden Patente mit dem Zeitpunkte, in welchem sie in Kraft tritt, Anwendung finden.

Für den Fall des Beitritts neuer Staaten soll es mit den im Zeitpunkte des Beitritts auf beiden Seiten bestehenden Patenten ebenso gehalten werden.

Art. 5. Die durch den Patentinhaber bewirkte Einfuhr von Gegenständen, welche in einem oder dem anderen Verbandsstaate hergestellt sind, in das Land, in welchem das Patent erteilt worden ist, soll den Verfall des letzteren nicht zur Folge haben.

Gleichwohl soll der Patentinhaber verpflichtet bleiben, sein Patent nach Maßgabe der Gesetze des Landes, in welches er die patentierten Gegenstände einführt, auszuüben.

Art. 6 bis 10 bziehen sich auf Marken und Firmen.

Art. 10b. Die unter der Übereinkunft stehenden Personen (Art. 2 und 3) sollen in allen Verbandsstaaten den den Staatsangehörigen gegen den unlauteren Wettbewerb zugesicherten Schutz genießen.

Art. 11. Die Hohen vertragschließenden Teile werden den patentfähigen Erfindungen, den gewerblichen Mustern oder Modellen sowie den Fabrik- oder Handelsmarken für Erzeugnisse, welche auf den auf dem Gebiet eines von ihnen veranstalteten, amtlichen oder amtlich anerkannten internationalen Ausstellungen zur Schau gestellt werden, in Gemäßheit der Gesetzgebung jedes Landes einen zeitweiligen Schutz gewähren.

Art. 12 bis 19 beziehen sich nicht auf das Patentrecht.

Schlußprotokoll.

1. Die Worte: „Gewerbliches Eigentum“ sollen in ihrer weitesten Bedeutung verstanden werden, derart, daß sie nicht bloß auf Gewerbeerzeugnisse im eigentlichen Sinne, sondern ebenso auf die Erzeugnisse des Ackerbaues (Wein, Getreide, Früchte, Vieh usw.) und auf die in den Handel gebrachten mineralischen Erzeugnisse (Mineralwasser usw.) Anwendung finden.

2. Unter der Bezeichnung „Erfindungspatente“ sind die von den Gesetzgebungen der vertragschließenden Staaten zugelassenen verschiedenen Arten gewerblicher Patente, wie Einführungs-, Verbesserungs- usw. Patente, begriffen.

3. Man ist einverstanden, daß die Schlußbestimmung des Artikel 2 der Übereinkunft die Gesetzgebung jedes der vertragschließenden Staaten in betreff des Verfahrens vor den Gerichten und die Zuständigkeit dieser Gerichte in keiner Weise berühren soll.

3b. Der Verfall eines Patents wegen Nichtausübung soll in jedem Lande nicht vor Ablauf von drei Jahren seit der Hinterlegung des Gesuchs in dem Lande, um das es sich handelt, und nur dann ausgesprochen werden können, wenn der Patentinhaber Gründe für seine Untätigkeit nicht dartut.

4. usw. kommen nicht in Betracht.

Gesetz

betreffend

den Schutz von Erfindungen, Mustern und Warenzeichen auf Ausstellungen

vom 18. März 1904.

Erfindungen, Gebrauchsmustern, Mustern und Modellen, die auf einer inländischen oder ausländischen Ausstellung zur Schau gestellt werden, sowie Warenzeichen, die auf einer daselbst zur Schau gestellten Ware angebracht sind, wird ein zeitweiliger Schutz in Gemäßheit der nachfolgenden Bestimmungen gewährt:

1. Durch eine Bekanntmachung des Reichskanzlers im Reichs-Gesetzblatte wird im einzelnen Falle die Ausstellung bestimmt, auf die der zeitweilige Schutz Anwendung findet.
2. Der zeitweilige Schutz hat die Wirkung, daß die Schaustellung oder eine anderweitige spätere Benutzung oder eine spätere Veröffentlichung der Erfindung, des Musters oder des Warenzeichens der Erlangung des gesetzlichen Patent-, Muster- oder Zeichenschutzes nicht entgegenstehen, sofern die Anmeldung zur Erlangung dieses Schutzes von dem Aussteller oder dessen Rechtsnachfolger binnen einer Frist von sechs Monaten nach der Eröffnung der Ausstellung bewirkt wird. Die Anmeldung geht anderen Anmeldungen vor, die nach dem Tage des Beginns der Schaustellung eingereicht worden sind.

Gesetz
gegen den unlauteren Wettbewerb
vom 7. Juni 1909.

§ 1.

Wer im geschäftlichen Verkehr zu Zwecken des Wettbewerbs Handlungen vornimmt, die gegen die guten Sitten verstoßen, kann auf Unterlassung und Schadensersatz in Anspruch genommen werden.

§ 2.

Unter Waren im Sinne dieses Gesetzes sind auch landwirtschaftliche Erzeugnisse, unter gewerblichen Leistungen und Interessen auch landwirtschaftliche zu verstehen.

§ 3.

Wer in öffentlichen Bekanntmachungen oder in Mitteilungen, die für einen größeren Kreis von Personen bestimmt sind, über geschäftliche Verhältnisse, insbesondere über die Beschaffenheit, den Ursprung, die Herstellungsart oder die Preisbemessung von Waren oder gewerblichen Leistungen, über die Art des Bezugs oder die Bezugsquelle von Waren, über den Besitz von Auszeichnungen, über den Anlaß oder den Zweck des Verkaufs oder über die Menge der Vorräte unrichtige Angaben macht, die geeignet sind, den Anschein eines besonders günstigen Angebots hervorzurufen, kann auf Unterlassung der unrichtigen Angaben in Anspruch genommen werden.

§ 4.

Wer in der Absicht, den Anschein eines besonders günstigen Angebots hervorzurufen, in öffentlichen Bekanntmachungen oder in Mitteilungen, die für einen größeren Kreis von Personen bestimmt sind, über geschäftliche Verhältnisse, insbesondere über die Beschaffenheit, den Ursprung, die Herstellungsart oder die Preisbemessung von Waren oder gewerblichen Leistungen, über die Art des Bezugs oder die Bezugsquelle von Waren, über den Besitz von Auszeichnungen, über den Anlaß oder den Zweck des Verkaufs oder über die Menge der Vorräte wissentlich unwahre und zur Irreführung geeignete Angaben macht, wird mit Gefängnis bis zu einem Jahre und mit Geldstrafe bis zu fünftausend Mark oder mit einer dieser Strafen bestraft.

Werden die im Abs. 1 bezeichneten unrichtigen Angaben in einem geschäftlichen Betriebe von einem Angestellten oder Beauftragten gemacht, so ist der Inhaber oder Leiter des Betriebs neben dem Angestellten oder Beauftragten strafbar, wenn die Handlung mit seinem Wissen geschah.

§ 5.

Die Verwendung von Namen, die im geschäftlichen Verkehre zur Benennung gewisser Waren oder gewerblicher Leistungen dienen, ohne deren Herkunft bezeichnen zu sollen, fällt nicht unter die Vorschriften der §§ 3, 4.

Im Sinne der Vorschriften der §§ 3, 4 sind den dort bezeichneten Angaben bildliche Darstellungen und sonstige Veranstaltungen gleich zu achten, die darauf berechnet und geeignet sind, solche Angaben zu ersetzen.

§ 6.

Wird in öffentlichen Bekanntmachungen oder in Mitteilungen, die für einen größeren Kreis von Personen bestimmt sind, der Verkauf von Waren angekündigt, die aus einer Konkursmasse stammen, aber nicht mehr zum Bestande der Konkursmasse gehören, so ist dabei jede Bezugnahme auf die Herkunft der Waren aus einer Konkursmasse verboten.

Zuwiderhandlungen gegen diese Vorschrift werden mit Geldstrafe bis zu einhundertfünfzig Mark oder mit Haft bestraft.

§ 7.

Wer in öffentlichen Bekanntmachungen oder in Mitteilungen, die für einen größeren Kreis von Personen bestimmt sind, den

Verkauf von Waren unter der Bezeichnung eines Ausverkaufs ankündigt, ist gehalten, in der Ankündigung den Grund anzugeben der zu dem Ausverkauf Anlaß gegeben hat.

Durch die höhere Verwaltungsbehörde kann nach Anhörung der zuständigen gesetzlichen Gewerbe- und Handelsvertretungen für die Ankündigung bestimmter Arten von Ausverkäufen angeordnet werden, daß zuvor bei der von ihr zu bezeichnenden Stelle Anzeige über den Grund des Ausverkaufs und den Zeitpunkt seines Beginns zu erstatten, sowie ein Verzeichnis der auszuverkaufenden Waren einzureichen ist. Die Einsicht der Verzeichnisse ist jedem gestattet.

§ 8.

Mit Gefängnis bis zu einem Jahre und mit Geldstrafe bis zu fünftausend Mark oder mit einer dieser beiden Strafen wird bestraft, wer im Falle der Ankündigung eines Ausverkaufs Waren zum Verkaufe stellt, die nur für den Zweck des Ausverkaufs herbeigeschafft worden sind (sogenanntes Vorschieben oder Nachschieben von Waren).

§ 9.

Der Ankündigung eines Ausverkaufs im Sinne des § 7 Abs. 2 und des § 8 steht jede sonstige Ankündigung gleich, welche den Verkauf von Waren wegen Beendigung des Geschäftsbetriebs, Aufgabe einer einzelnen Warengattung oder Räumung eines bestimmten Warenvorrats aus dem vorhandenen Bestande betrifft.

Auf Saison- und Inventurausverkäufe, die in der Ankündigung als solche bezeichnet werden und im ordentlichen Geschäftsverkehr üblich sind, finden die Vorschriften der §§ 7 und 8 keine Anwendung. Über Zahl, Zeit und Dauer der üblichen Saison- und Inventurausverkäufe kann die höhere Verwaltungsbehörde nach Anhörung der zuständigen gesetzlichen Gewerbe- und Handelsvertretungen Bestimmungen treffen.

§ 10.

Mit Geldstrafe bis zu einhundertfünfzig Mark oder mit Haft wird bestraft:

1. wer der Vorschrift des § 7 Abs. 1 zuwider es unterläßt,

in der Ankündigung eines Ausverkaufs den Grund anzugeben, der zu dem Ausverkauf Anlaß gegeben hat;

2. wer den auf Grund des § 7 Abs. 2 erlassenen Anordnungen zuwiderhandelt oder bei Befolgung dieser Anordnungen unrichtige Angaben macht;
3. wer den von der höheren Verwaltungsbehörde auf Grund des § 9 Abs. 2 Satz 2 getroffenen Bestimmungen zuwiderhandelt.

§ 11.

Durch Beschluß des Bundesrats kann festgesetzt werden, daß bestimmte Waren im Einzelverkehre nur in vorgeschriebenen Einheiten der Zahl, des Maßes oder des Gewichts oder mit einer auf der Ware oder ihrer Aufmachung anzubringenden Angabe über Zahl, Maß, Gewicht, über den Ort der Erzeugung oder den Ort der Herkunft der Ware gewerbsmäßig verkauft oder feilgehalten werden dürfen.

Für den Einzelverkehr mit Bier in Flaschen oder Krügen kann die Angabe des Inhalts unter Festsetzung angemessener Fehlergrenzen vorgeschrieben werden.

Die durch Beschluß des Bundesrats getroffenen Bestimmungen sind durch das Reichs-Gesetzblatt zu veröffentlichen und dem Reichstage sogleich oder bei seinem nächsten Zusammentritte vorzulegen.

Zuwiderhandlungen gegen die Bestimmungen des Bundesrats werden mit Geldstrafe bis zu einhundertfünfzig Mark oder mit Haft bestraft.

§ 12.

Mit Gefängnis bis zu einem Jahre und mit Geldstrafe bis zu fünftausend Mark oder mit einer dieser Strafen wird, soweit nicht nach anderen Bestimmungen eine schwerere Strafe verwirkt wird, bestraft, wer im geschäftlichen Verkehre zu Zwecken des Wettbewerbes dem Angestellten oder Beauftragten eines geschäftlichen Betriebes Geschenke oder andere Vorteile anbietet, verspricht oder gewährt, um durch unlauteres Verhalten des Angestellten oder Beauftragten bei dem Bezuge von Waren oder gewerblichen Leistungen eine Bevorzugung für sich oder einen Dritten zu erlangen.

Die gleiche Strafe trifft den Angestellten oder Beauftragten eines geschäftlichen Betriebs, der im geschäftlichen Verkehre Geschenke oder andere Vorteile fordert, sich versprechen läßt oder annimmt, damit er durch unlauteres Verhalten einem anderen bei dem Bezuge von Waren oder gewerblichen Leistungen im Wettbewerb eine Bevorzugung verschaffe.

Im Urteil ist zu erklären, daß das Empfangene oder sein Wert dem Staate verfallen sei.

§ 13.

In den Fällen der §§ 1, 3 kann der Anspruch auf Unterlassung von jedem Gewerbetreibenden, der Waren oder Leistungen gleicher oder verwandter Art herstellt oder in den geschäftlichen Verkehr bringt, oder von Verbänden zur Förderung gewerblicher Interessen geltend gemacht werden, soweit die Verbände als solche in bürgerlichen Rechtsstreitigkeiten klagen können. Auch können diese Gewerbetreibenden und Verbände denjenigen, welcher den §§ 6, 8, 10, 11, 12 zuwiderhandelt, auf Unterlassung in Anspruch nehmen.

Zum Ersatze des durch die Zuwiderhandlung entstehenden Schadens ist verpflichtet:

1. wer im Falle des § 3 die Unrichtigkeit der von ihm gemachten Angaben kannte oder kennen mußte. Gegen Redakteure, Verleger, Drucker oder Verbreiter von periodischen Druckschriften kann der Anspruch auf Schadensersatz nur geltend gemacht werden, wenn sie die Unrichtigkeit der Angaben kannten;
2. wer gegen die §§ 6, 8, 10, 11, 12 vorsätzlich oder fahrlässig verstößt.

Werden in einem geschäftlichen Betriebe Handlungen, die nach §§ 1, 3, 6, 8, 10, 11, 12 unzulässig sind, von einem Angestellten oder Beauftragten vorgenommen, so ist der Unterlassungsanspruch auch gegen den Inhaber des Betriebs begründet.

§ 14.

Wer zu Zwecken des Wettbewerbes über das Erwerbsgeschäft eines anderen, über die Person des Inhabers oder Leiters des Geschäfts, über die Waren oder gewerblichen Leistungen eines anderen Tatsachen behauptet oder verbreitet, die geeignet sind, den Betrieb des Geschäfts oder den Kredit des Inhabers zu schädigen, ist, sofern die Tatsachen nicht erweislich wahr sind, dem Verletzten zum Ersatze des entstandenen Schadens verpflichtet. Der Verletzte kann auch den Anspruch geltend machen, daß die Behauptung oder Verbreitung der Tatsachen unterbleibe.

Handelt es sich um vertrauliche Mitteilungen und hat der Mitteilende oder der Empfänger der Mitteilung an ihr ein berechtigtes Interesse, so ist der Anspruch auf Unterlassung nur zulässig, wenn die Tatsachen der Wahrheit zuwider behauptet oder verbreitet sind. Der Anspruch auf Schadensersatz kann nur geltend gemacht werden, wenn der Mitteilende die Unrichtigkeit der Tatsachen kannte oder kennen mußte.

Die Vorschrift des § 13 Abs. 3 findet entsprechende Anwendung.

§ 15.

Wer wider besseres Wissen über das Erwerbsgeschäft eines anderen, über die Person des Inhabers oder Leiters des Geschäfts, über die Waren oder gewerblichen Leistungen eines anderen Tatsachen der Wahrheit zuwider behauptet oder verbreitet, die geeignet sind, den Betrieb des Geschäfts zu schädigen, wird mit Gefängnis bis zu einem Jahre und mit Geldstrafe bis zu fünftausend Mark oder mit einer dieser Strafen bestraft.

Werden die im Abs. 1 bezeichneten Tatsachen in einem geschäftlichen Betriebe von einem Angestellten oder Beauftragten behauptet oder verbreitet, so ist der Inhaber des Betriebs neben dem Angestellten oder Beauftragten strafbar, wenn die Handlung mit seinem Wissen geschah.

§ 16.

Wer im geschäftlichen Verkehr einen Namen, eine Firma, oder die besondere Bezeichnung eines Erwerbsgeschäfts, eines gewerblichen Unternehmens oder einer Druckschrift in einer Weise benutzt, welche geeignet ist, Verwechselungen mit dem Namen, der Firma oder der besonderen Bezeichnung hervorzurufen, deren sich ein anderer befugterweise bedient, kann von diesem auf Unterlassung der Benutzung in Anspruch genommen werden.

Der Benutzende ist dem Verletzten zum Ersatze des Schadens verpflichtet, wenn er wußte oder wissen mußte, daß die mißbräuchliche Art der Benutzung geeignet war, Verwechselungen hervorzurufen.

Der besonderen Bezeichnung eines Erwerbsgeschäfts stehen solche Geschäftsabzeichen und sonstigen zur Unterscheidung des Geschäfts von anderen Geschäften bestimmten Einrichtungen gleich, welche innerhalb beteiligter Verkehrskreise als Kennzeichen des Erwerbsgeschäfts gelten. Auf den Schutz von Warenzeichen und Ausstattungen (§§ 1, 15 des Gesetzes zum Schutze der Warenbezeichnungen vom 12. Mai 1894, Reichs-Gesetzbl. S. 441) finden diese Vorschriften keine Anwendung.

Die Vorschrift des § 13 Abs. 3 findet entsprechende Anwendung.

§ 17.

Mit Gefängnis bis zu einem Jahre und mit Geldstrafe bis zu fünftausend Mark oder mit einer dieser Strafen wird bestraft, wer als Angestellter, Arbeiter oder Lehrling eines Geschäftsbetriebs Geschäfts- oder Betriebsgeheimnisse, die ihm vermöge des Dienstverhältnisses anvertraut oder sonst zugänglich geworden sind, während der Geltungsdauer des Dienstverhältnisses unbefugt an andere zu Zwecken des Wettbewerbes oder in der Absicht, dem Inhaber des Geschäftsbetriebs Schaden zuzufügen, mitteilt.

Gleiche Strafe trifft denjenigen, welcher Geschäfts- oder Betriebsgeheimnisse, deren Kenntnis er durch eine der im Abs. 1 bezeichneten Mitteilungen oder durch eine gegen das Gestez oder die guten Sitten verstoßende Handlung erlangt hat, zu Zwecken des Wettbewerbes unbefugt verwertet oder an andere mitteilt.

§ 18.

Mit Gefängnis bis zu einem Jahre und mit Geldstrafe bis zu fünftausend Mark oder mit einer dieser Strafen wird bestraft, wer die ihm im geschäftlichen Verkehr anvertrauten Vorlagen oder Vorschriften technischer Art, insbesondere Zeichnungen, Modelle, Schablonen, Schnitte, Rezepte, zu Zwecken des Wettbewerbes unbefugt verwertet oder an andere mitteilt.

§ 19.

Zuwiderhandlungen gegen die Vorschriften der §§ 17, 18 verpflichten außerdem zum Ersatze des entstandenen Schadens. Mehrere Verpflichtete haften als Gesamtschuldner.

§ 20.

Wer zu Zwecken des Wettbewerbes es unternimmt, einen anderen zu einer Zuwiderhandlung gegen die Vorschriften des § 17 Abs. 1, § 18 zu bestimmen, wird mit Gefängnis bis zu neun Monaten und mit Geldstrafe bis zu zweitausend Mark oder mit einer dieser Strafen bestraft.

§ 21.

Die in diesem Gesetze bezeichneten Ansprüche auf Unterlassung oder Schadensersatz verjähren in sechs Monaten von dem Zeitpunkt an, in welchem der Anspruchsberechtigte von der Handlung und von der Person des Verpflichteten Kenntnis erlangt, ohne Rücksicht auf diese Kenntnis in drei Jahren von der Begehung der Handlung an.

Für die Ansprüche auf Schadensersatz beginnt der Lauf der Verjährung nicht vor dem Zeitpunkt, in welchem ein Schaden entstanden ist.

§ 22.

Die Strafverfolgung tritt mit Ausnahme der in §§ 6, 10, 11 bezeichneten Fälle nur auf Antrag ein. In den Fällen der §§ 4, 8, 12 hat das Recht, den Strafantrag zu stellen, jeder der im § 13 Abs. 1 bezeichneten Gewerbetreibenden und Verbände.

Die Zurücknahme des Antrags ist zulässig.

Strafbare Handlungen, deren Verfolgung nur auf Antrag eintritt, können von den zum Strafantrage Berechtigten im Wege der Privatklage verfolgt werden, ohne daß es einer vorgängigen Anrufung der Staatsanwaltschaft bedarf. Die öffentliche Klage wird von der Staatsanwaltschaft nur dann erhoben, wenn dies im öffentlichen Interesse liegt.

Geschieht die Verfolgung im Wege der Privatklage, so sind die Schöffengerichte zuständig.

§ 23.

Wird in den Fällen der §§ 4, 6, 8, 12 auf Strafe erkannt, so kann angeordnet werden, daß die Verurteilung auf Kosten des Schuldigen öffentlich bekannt zu machen sei.

Wird in den Fällen des § 15 auf Strafe erkannt, so ist zugleich dem Verletzten die Befugnis zuzusprechen, die Verurteilung innerhalb bestimmter Frist auf Kosten des Verurteilten öffentlich bekannt zu machen.

Auf Antrag des freigesprochenen Angeschuldigten kann das Gericht die öffentliche Bekanntmachung der Freisprechung anordnen; die Staatskasse trägt die Kosten, insofern sie nicht dem Anzeigenden oder dem Privatkläger auferlegt worden sind.

Ist auf Grund einer der Vorschriften dieses Gesetzes auf Unterlassung Klage erhoben, so kann in dem Urteile der obsiegenden Partei die Befugnis zugesprochen werden, den verfügenden Teil des Urteils innerhalb bestimmter Frist auf Kosten der unterliegenden Partei öffentlich bekannt zu machen.

Die Art der Bekanntmachung ist im Urteil zu bestimmen.

§ 24.

Für Klagen auf Grund dieses Gesetzes ist ausschließlich zuständig das Gericht, in dessen Bezirke der Beklagte seine gewerbliche Niederlassung oder in Ermangelung einer solchen seinen Wohnsitz hat. Für Personen, die im Inlande weder eine gewerbliche Niederlassung noch einen Wohnsitz haben, ist ausschließlich zuständig das Gericht des inländischen Aufenthaltsorts, oder wenn ein solcher nicht bekannt ist, das Gericht, in dessen Bezirk die Handlung begangen ist.

§ 25.

Zur Sicherung der in diesem Gesetze bezeichneten Ansprüche auf Unterlassung können einstweilige Verfügungen erlassen werden, auch wenn die in den §§ 935, 940 der Zivilprozeßordnung bezeichneten Voraussetzungen nicht zutreffen. Zuständig ist auch das Amtsgericht, in dessen Bezirk die den Anspruch begründende Handlung begangen ist; im übrigen finden die Vorschriften des § 942 der Zivilprozeßordnung Anwendung.

§ 26.

Neben einer nach Maßgabe dieses Gesetzes verhängten Strafe kann auf Verlangen des Verletzten auf eine an ihn zu erlegende Buße bis zum Betrage von zehntausend Mark erkannt werden. Für diese Buße haften die dazu Verurteilten als Gesamtschuldner. Eine erkannte Buße schließt die Geltendmachung eines weiteren Entschädigungsanspruchs aus.

§ 27.

Bürgerliche Rechtsstreitigkeiten, in welchen durch die Klage ein Anspruch auf Grund dieses Gesetzes geltend gemacht wird, gehören, sofern in erster Instanz die Landgerichte zuständig sind, vor die Kammern für Handelssachen.

In bürgerlichen Rechtsstreitigkeiten. in welchen durch Klage oder Widerklage ein Anspruch auf Grund dieses Gesetzes geltend gemacht ist, wird die Verhandlung und Entscheidung letzter Instanz im Sinne des § 8 des Einführungsgesetzes zum Gerichtsverfassungsgesetze dem Reichsgerichte zugewiesen.

§ 28.

Wer im Inlande eine Hauptniederlassung nicht besitzt, hat auf den Schutz dieses Gesetzes nur insoweit Anspruch, als in dem Staate, in welchem seine Hauptniederlassung sich befindet, nach einer im Reichs-Gesetzblatt enthaltenen Bekanntmachung deutsche Gewerbetreibende einen entsprechenden Schutz genießen.

§ 29.

Welche Behörden in jedem Bundesstaat unter der Bezeichnung höhere Verwaltungsbehörde im Sinne dieses Gesetzes zu verstehen sind, wird von der Zentralbehörde des Bundesstaats bstimmt.

§ 30.

Dieses Gesetz tritt am 1. Oktober 1909 in Kraft.

Mit diesem Zeitpunkte tritt das Gesetz zur Bekämpfung des unlauteren Wettbewerbes vom 27. Mai 1896 (Reichs-Gesetzbl. S. 145) außer Kraft.

Alphabetisches Sachregister.

FSC
www.fsc.org
MIX
Papier | Fördert gute Waldnutzung
FSC® C083411

Kolibri 360 GmbH
Ferdinand-Jühlke-Straße 7
99095 Erfurt, Deutschland
produktsicherheit@kolibri360.de